무비 스님의 사경 시리즈 6

千手經 寫經

일러두기

1. 『무비 스님의 천수경 사경』은 한국불교에서 불자들의 신앙을 이끌고 있는 중요한 경전이자 관세음보살의 지혜와 자비를 통해 바람직한 삶을 제시하는 경전인 『천수경』의 사경집으로 무비 스님의 우리말 풀이를 담았습니다.

2. 『무비 스님의 천수경 사경』에서는 『천수경』 속 진언과 다라니의 뜻을 해석해서 밝혀 놓았습니다. 비밀스럽게 여겨져 오면서 지금까지 잘 알려지지 않은 진언과 다라니의 구절구절을 깊이 공부하신 무비 스님께서 그 뜻을 이해하는 데 도움이 되도록 하였습니다.

3. 『무비 스님의 천수경 사경』에서 〈신묘장구대다라니〉는 일반 불자들에게 널리 알려진 띄어쓰기와 표기에 맞추어서 실었습니다. 인도말로 된 다라니를 한문으로 음사(音寫)하는 과정에서 중국식 발음으로 변형되고, 그것이 다시 우리말화되는 과정에서 띄어쓰기와 표기 등에서 잘못된 곳이 있으나, 오랜 세월 굳어진 습관이라 혼란이 생김을 방지하고자 널리 알려진 띄어쓰기와 표기에 맞추었습니다. 대신 다라니의 바른 구절과 그 뜻을 낱낱이 설명으로 밝혔습니다. 〈신묘장구대다라니〉의 우리말 풀이 칸에는 전체 뜻을 새겼습니다.

4. 『무비 스님의 천수경 사경』에서 관세음보살본심미묘육자대명왕진언은 〈옴 마니 반메 훔〉과 범서 ꣸ꣳ꣼ꣴꣵꣶ 을 함께 사경할 수 있도록 편집하였습니다.

무비 스님의
천수경 사경

담앤북스

사경집을 펴내며

　필자는 일찍이 불교에 귀의하여 경학과 참선과 사경과 절과 기도와 염불 등을 골고루 실참 實參하면서 무엇이 가장 효과적인 수행일까 하는 생각을 누누이 하여 왔습니다. 그러다가 여러 가지 상황으로 볼 때 사경수행寫經修行이 그 어떤 수행보다도 가장 효과가 뛰어나다는 것을 깨닫게 되었습니다.

　그래서 오래전 부산 금정산 아래에 〈문수선원文殊禪院〉이라는 작은 공부방을 하나 마련 하여 뜻을 같이하는 불자들과 〈사경수행도량寫經修行道場〉이라는 이름으로 여러 경전을 강의도 하고 아울러 많은 사경 교재를 만들어 사경寫經만 하는 특별반 및 사경 시간을 마련 하여 정진하고 있습니다.

　그리고 한편 〈사경수행공동체寫經修行共同體〉라는 이름으로 전국의 많은 불자들과 사경 수행을 함께 하자는 생각을 하던 중에 마침 2008년 1월부터 전국의 스님 2백여 명이 강의를 들으러 오게 되어서 이 기회에 가장 이상적이고 친절한 사경 책을 여러 가지 준비하여 보급하 게 되었습니다. 비록 어떤 조직체는 없으나 자연스럽게 그 많은 스님들의 손으로 사경 책이 전해지고 또 전해져서 그동안 1백만 권 이상이 보급되었으리라 생각합니다.

『금강경』에는 경전을 받아 지니고, 읽고, 외우고, 사경하는 공덕이 그 어떤 공덕보다 우수하다 하였고, 『법화경』에는 부처님을 대신하는 다섯 가지의 법사法師가 있으니 경전을 받아 지니고, 읽고, 외우고, 해설하고, 사경하는 일이라 하였습니다. 사경하는 일이 이와 같거늘 사경수행보다 우수한 공덕과 수행의 방법이 그 어디에 있겠습니까. 실로 불교의 수많은 수행 중에서 가장 위대한 수행이라 할 수 있을 것입니다.

새롭게 도약하는 사경수행운동이 전국으로 번져 나가서 인연을 함께하는 모든 분들이 자신이 앉은 그 자리에서 <사경수행공동체>의 일원이 되어 사경이 불법수행의 가장 바르고 가장 유익한 수행이라는 사실을 깨닫게 되어 열심히 정진하시기를 간절히 바랍니다.

경을 쓰는 이 공덕 수승하여라.
가없는 그 복덕 모두 회향하여
이 세상의 모든 사람 모든 생명들
무량광불 나라에서 행복하여지이다.

2019년 4월 8일
신라 화엄종찰 금정산 범어사

如天 無比 합장

사경 발원문

사경 시작한 날 :　　　 년　　 월　　 일

_____ 두손모음

사	경	공	덕	수	승	행
寫	經	功	德	殊	勝	行
베낄 사	경전 경	공덕 공	덕 덕	다를 수	뛰어날 승	행할 행

무	변	승	복	개	회	향
無	邊	勝	福	皆	廻	向
없을 무	가 변	뛰어날 승	복 복	다 개	돌 회	향할 향

보	원	침	익	제	유	정
普	願	沈	溺	諸	有	情
널리 보	원할 원	가라앉을 침	빠질 익	모든 제	있을 유	뜻 정

속	왕	무	량	광	불	찰
速	往	無	量	光	佛	刹
빠를 속	갈 왕	없을 무	헤아릴 량	빛 광	부처 불	절 찰

경을 쓰는 이 공덕 수승하여라.
가없는 그 복덕 모두 회향하여
이 세상의 모든 사람 모든 생명들
무량광불 나라에서 행복하여지이다.

千	手	經						
일천 **천**	손 **수**	글 **경**						

淨	口	業	眞	言				
깨끗할 **정**	입 **구**	업 **업**	참 **진**	말씀 **언**				

수리 리　　　수리 리　　　마하 수리

· **수리** : 길상존　　　　· **수리** : 길상존　　　　· **마하** : 크다, 위대하다　· **수리** : 길상존

수 수 리　　　사 바 하 · 수 리

· **수** : 지극하다　· **수리** : 길상존　　　　· **사바하** : 앞의 내용을 결론짓는 종결 의미, 구경, 원만, 성취　· **수리** : 길상존

수리 리　　　마 하 수 리　　　수 수 리

· **수리** : 길상존　　　　· **마하** : 크다, 위대하다　· **수리** : 길상존　　　　· **수** : 지극하다　· **수리** : 길상존

사 바 하 · 수 리　　　수 리 　　　마

· **사바하** : 앞의 내용을 결론짓는 종결 의미, 구경, 원만, 성취　· **수리** : 길상존　　　· **수리** : 길상존　　　· **마하** : 크다, 위대하다

입으로 지은 업을 깨끗이 하는 진언

『수리 수리 마하수리 수수리 사바하』 (세번)

- 길상존이시여, 길상존이시여, 대길상존이시여, 극길상존이시여, 그 길상이 원만히 성취되소서.

하	수	리		수	수	리		사	바	하

· **수리** : 길상존　　　　　　· **수** : 지극하다　· **수리** : 길상존　　· **사바하** : 앞의 내용을 결론짓는 종결 의미, 구경, 원만, 성취

五	方	内	外	安	慰	諸	神	眞	言
다섯 **오**	방위 **방**	안 **내**	밖 **외**	편안 **안**	위로할 **위**	모두 **제**	신 **신**	참 **진**	말씀 **언**

나	무		사	만	다		못	다	남

· **나무** : 귀의하여 받든다　　　　· **사만다** : 널리, 두루　　　　　　· **못다** : 붓다　　· **남** : ~들

옴		도	로	도	로		지	미	사

· **옴** : 진언의 정형구, 소리의 근원, 우주의 핵심　· **도로** : 건너다　· **도로** : 건너다　　　· **지미** : 승리하다, 항복시키다

바	하	·	나	무		사	만	다	못

· **사바하** : 구경, 원만, 성취　　· **나무** : 귀의하여 받든다　　· **사만다** : 널리, 두루　　　　　　· **못다** : 붓다

다	남		옴		도	로	도	로	지

· **남** : ~들　　　　　· **옴** : 진언의 정형구, 소리의 근원, 우주의 핵심　· **도로** : 건너다　· **도로** : 건너다

미	·	사	바	하	·	나	무		사	만

· **지미** : 승리하다, 항복시키다　· **사바하** : 구경, 원만, 성취　　　　· **나무** : 귀의하여 받든다　　· **사만다** : 널리, 두루

모든 신들을 편안하게 해 주는 진언

『나무 사만다 못다남 옴 도로도로 지미 사바하』(세번)

- 온 우주에 두루 계신 부처님께 귀의하고 받드오니, 제도하고 제도하소서, 승리하리이다.

다		못	다	남		옴		도	로	도

·**못다** : 붓다　　　·**남** : ~들　　　·**옴** : 진언의 정형구, 소리의 근원, 우주의 핵심　·**도로** : 건너다

로		지	미		사	바	하			

·**도로** : 건너다　　　·**지미** : 승리하다, 항복시키다　　　·**사바하** : 구경, 원만, 성취

開	經	偈								
열 개	글 경	쉴 게								
無	上	甚	深	微	妙	法				
없을 무	위 상	심할 심	깊을 심	작을 미	묘할 묘	법 법				
百	千	萬	劫	難	遭	遇				
일백 백	일천 천	일만 만	겁 겁	어려울 난	만날 조	만날 우				
我	今	聞	見	得	受	持				
나 아	이제 금	들을 문	볼 견	얻을 득	받을 수	가질 지				
願	解	如	來	眞	實	意				
원할 원	풀 해	같을 여	올 래	참 진	열매 실	뜻 의				

경을 펼치기 전에 경을 찬미하는 게송

부처님의 법은 가장 높고 가장 깊고 가장 미묘해서
수억만 년의 세월이 흘러도 만나 뵙기 어렵습니다.
저는 이제 불법을 듣고 경전을 보고 간직하오니
원컨대 여래의 진실한 뜻 잘 알게 해 주십시오.

開	法	藏	眞	言						
열 개	법 법	곳집 장	참 진	말씀 언						

옴		아	라	남		아	라	다	·	옴

·**옴** : 소리의 근원, 우주의 핵심 ·**아라남** : 무쟁삼매 ·**아라다** : 만족 ·**옴** : 소리의 근원, 우주의 핵심

아	라	남		아	라	다	·	옴		아

·**아라남** : 무쟁삼매 ·**아라다** : 만족 ·**옴** : 소리의 근원, 우주의 핵심

라	남		아	라	다					

·**아라남** : 무쟁삼매 ·**아라다** : 만족

千	手	千	眼	觀	自	在	菩	薩	廣	大
일천 천	손 수	일천 천	눈 안	볼 관	스스로 자	있을 재	보리 보	보살 살	넓을 광	큰 대
圓	滿	無	碍	大	悲	心	大	陀	羅	尼
둥글 원	찰 만	없을 무	거리낄 애	큰 대	슬플 비	마음 심	큰 대	비탈질 타(다)	그물 라	여승 니
啓	請									
열 계	청할 청									

진리의 법장을 여는 진언

『옴 아라남 아라다』 (세번)

- 번뇌가 없는 편안한 마음으로 법열 속에서 만족합니다.

천수천안 관자재보살의

광대하고 원만하고 걸림 없는 대자비심의 위대한 다라니를 열기를 청합니다.

稽	首	觀	音	大	悲	呪				
상고할 계	머리 수	볼 관	소리 음	큰 대	슬플 비	빌 주				
願	力	弘	深	相	好	身				
원할 원	힘 력	클 홍	깊을 심	모양 상	좋을 호	몸 신				
千	臂	莊	嚴	普	護	持				
일천 천	팔 비	꾸밀 장	엄할 엄	넓을 보	도울 호	가질 지				
千	眼	光	明	遍	觀	照				
일천 천	눈 안	빛 광	밝을 명	두루 편(변)	볼 관	비칠 조				
眞	實	語	中	宣	密	語				
참 진	열매 실	말씀 어	가운데 중	베풀 선	비밀 밀	말씀 어				
無	爲	心	內	起	悲	心				
없을 무	할 위	마음 심	안 내	일어날 기	슬플 비	마음 심				
速	令	滿	足	諸	希	求				
빠를 속	하여금 령	찰 만	족할 족	모두 제	바랄 희	구할 구				

관세음보살의 대비주에 머리 숙여 귀의합니다.

관세음보살의 원력은 넓고 깊으며 그 모습 매우 원만하여

천 개의 팔로 장엄해서 널리 보호하고 감싸 주시며, 천 개의 눈으로 빛을 내어 두루 관찰하여 비추십니다.

진실한 말 가운데 비밀스럽고 불가사의한 말씀 베풀어

아무 조건 없는 마음 가운데 자비심을 일으키십니다.

중생들의 온갖 소원 하루속히 이뤄져서 만족하게 하시고

永	使	滅	除	諸	罪	業				
길 영	하여금 사	멸할 멸	덜 제	모두 제	허물 죄	업 업				
天	龍	衆	聖	同	慈	護				
하늘 천	용 룡	무리 중	성인 성	한가지 동	사랑 자	도울 호				
百	千	三	昧	頓	熏	修				
일백 백	일천 천	석 삼	어두울 매	갑자기 돈	불길 훈	닦을 수				
受	持	身	是	光	明	幢				
받을 수	가질 지	몸 신	이 시	빛 광	밝을 명	기 당				
受	持	心	是	神	通	藏				
받을 수	가질 지	마음 심	이 시	신통할 신	통할 통	곳집 장				
洗	滌	塵	勞	願	濟	海				
씻을 세	씻을 척	티끌 진	일할 로	원할 원	건널 제	바다 해				
超	證	菩	提	方	便	門				
뛰어넘을 초	증할 증	보리 보	끌 제(리)	처방 방	편할 편	문 문				

모든 죄의 업장들을 영원히 소멸시켜 없애 주십니다.

천룡과 모든 성인들이 함께 자비로써 보호하시고

백천 가지의 온갖 삼매를 한꺼번에 닦습니다.

이 법을 받아 지닌 저의 몸은 광명의 깃발이며

이 법을 받아 지닌 저의 마음은 신통의 창고와 같으니

온갖 번뇌를 씻어내고 원하는 바를 성취하여, 깨달음의 방편문을 한꺼번에 성취합니다.

我	今	稱	誦	誓	歸	依				
나 아	이제 금	일컬을 칭	외울 송	맹세할 서	돌아갈 귀	의지할 의				
所	願	從	心	悉	圓	滿				
바 소	원할 원	좇을 종	마음 심	다 실	둥글 원	찰 만				
南	無	大	悲	觀	世	音				
나무 나	없을 무	큰 대	슬플 비	볼 관	세상 세	소리 음				
願	我	速	知	一	切	法				
원할 원	나 아	빠를 속	알 지	한 일	온통 체	법 법				
南	無	大	悲	觀	世	音				
나무 나	없을 무	큰 대	슬플 비	볼 관	세상 세	소리 음				
願	我	早	得	智	慧	眼				
원할 원	나 아	이를 조	얻을 득	슬기 지	슬기로울 혜	눈 안				
南	無	大	悲	觀	世	音				
나무 나	없을 무	큰 대	슬플 비	볼 관	세상 세	소리 음				

제가 이제 관음의 대비주를 칭송하고 맹세코 귀의하오니

원하는 바가 자신의 뜻대로 원만히 이뤄집니다.

자비하신 관세음께 귀의하오니, 일체의 모든 법을 빨리 알게 해 주십시오.

자비하신 관세음께 귀의하오니, 지혜의 눈을 빨리 뜨게 해 주십시오.

자비하신 관세음께 귀의하오니,

願	我	速	度	一	切	衆				
원할 원	나 아	빠를 속	법도 도	한 일	온통 체	무리 중				
南	無	大	悲	觀	世	音				
나무 나	없을 무	큰 대	슬플 비	볼 관	세상 세	소리 음				
願	我	早	得	善	方	便				
원할 원	나 아	이를 조	얻을 득	착할 선	처방 방	편할 편				
南	無	大	悲	觀	世	音				
나무 나	없을 무	큰 대	슬플 비	볼 관	세상 세	소리 음				
願	我	速	乘	般	若	船				
원할 원	나 아	빠를 속	탈 승	일반 반	반야 야	배 선				
南	無	大	悲	觀	世	音				
나무 나	없을 무	큰 대	슬플 비	볼 관	세상 세	소리 음				
願	我	早	得	越	苦	海				
원할 원	나 아	이를 조	얻을 득	넘을 월	괴로울 고	바다 해				

모든 중생들을 빨리 제도하게 해 주십시오.

자비하신 관세음께 귀의하오니, 좋은 방편을 빨리 얻게 해 주십시오.

자비하신 관세음께 귀의하오니, 지혜의 배를 빨리 타게 해 주십시오.

자비하신 관세음께 귀의하오니, 괴로움의 바다를 빨리 건너게 해 주십시오.

南	無	大	悲	觀	世	音				
나무 나	없을 무	큰 대	슬플 비	볼 관	세상 세	소리 음				
願	我	速	得	戒	定	道				
원할 원	나 아	빠를 속	얻을 득	경계할 계	정할 정	길 도				
南	無	大	悲	觀	世	音				
나무 나	없을 무	큰 대	슬플 비	볼 관	세상 세	소리 음				
願	我	早	登	圓	寂	山				
원할 원	나 아	이를 조	오를 등	둥글 원	고요할 적	뫼 산				
南	無	大	悲	觀	世	音				
나무 나	없을 무	큰 대	슬플 비	볼 관	세상 세	소리 음				
願	我	速	會	無	爲	舍				
원할 원	나 아	빠를 속	모일 회	없을 무	할 위	집 사				
南	無	大	悲	觀	世	音				
나무 나	없을 무	큰 대	슬플 비	볼 관	세상 세	소리 음				

자비하신 관세음께 귀의하오니, 계정의 길을 빨리 가게 해 주십시오.

자비하신 관세음께 귀의하오니, 열반의 자리에 빨리 오르게 해 주십시오.

자비하신 관세음께 귀의하오니, 무위의 집에 빨리 모이게 해 주십시오.

자비하신 관세음께 귀의하오니, 법성의 몸과 같게 해 주십시오.

願	我	早	同	法	性	身
원할 원	나 아	이를 조	한가지 동	법 법	성품 성	몸 신

我	若	向	刀	山		刀	山	自	摧	折
나 아	만약 약	향할 향	칼 도	뫼 산		칼 도	뫼 산	스스로 자	꺾을 최	꺾을 절

我	若	向	火	湯		火	湯	自	消	滅
나 아	만약 약	향할 향	불 화	끓일 탕		불 화	끓일 탕	스스로 자	사라질 소	멸할 멸

我	若	向	地	獄		地	獄	自	枯	渴
나 아	만약 약	향할 향	땅 지	옥 옥		땅 지	옥 옥	스스로 자	마를 고	목마를 갈

我	若	向	餓	鬼		餓	鬼	自	飽	滿
나 아	만약 약	향할 향	주릴 아	귀신 귀		주릴 아	귀신 귀	스스로 자	배부를 포	찰 만

我	若	向	修	羅		惡	心	自	調	伏
나 아	만약 약	향할 향	닦을 수	그물 라		악할 악	마음 심	스스로 자	고를 조	엎드릴 복

我	若	向	畜	生			自	得	大	智	慧
나 아	만약 약	향할 향	짐승 축	날 생			스스로 자	얻을 득	큰 대	슬기 지	슬기로울 혜

제가 만약 칼산을 향해 가면, 칼산이 저절로 무너져 버리고

제가 만약 화탕지옥을 향해 가면, 화탕이 저절로 소멸되고

제가 만약 지옥을 향해 가면, 지옥이 저절로 말라서 없어지고

제가 만약 아귀 있는 곳을 향해 가면, 아귀가 저절로 배가 불러지고

제가 만약 아수라의 세계를 향해 가면, 악한 마음이 저절로 항복받게 되고

제가 만약 축생의 세계를 향해 가면, 축생 스스로 큰 지혜를 얻게 됩니다.

南	無	觀	世	音	菩	薩	摩	訶	薩	
나무 **나**	없을 **무**	볼 **관**	세상 **세**	소리 **음**	보리 **보**	보살 **살**	갈 **마**	꾸짖을 **하**	보살 **살**	
南	無	大	勢	至	菩	薩	摩	訶	薩	
나무 **나**	없을 **무**	큰 **대**	형세 **세**	이를 **지**	보리 **보**	보살 **살**	갈 **마**	꾸짖을 **하**	보살 **살**	
南	無	千	手	菩	薩	摩	訶	薩		
나무 **나**	없을 **무**	일천 **천**	손 **수**	보리 **보**	보살 **살**	갈 **마**	꾸짖을 **하**	보살 **살**		
南	無	如	意	輪	菩	薩	摩	訶	薩	
나무 **나**	없을 **무**	같을 **여**	뜻 **의**	바퀴 **륜**	보리 **보**	보살 **살**	갈 **마**	꾸짖을 **하**	보살 **살**	
南	無	大	輪	菩	薩	摩	訶	薩		
나무 **나**	없을 **무**	큰 **대**	바퀴 **륜**	보리 **보**	보살 **살**	갈 **마**	꾸짖을 **하**	보살 **살**		
南	無	觀	自	在	菩	薩	摩	訶	薩	
나무 **나**	없을 **무**	볼 **관**	스스로 **자**	있을 **재**	보리 **보**	보살 **살**	갈 **마**	꾸짖을 **하**	보살 **살**	
南	無	正	趣	菩	薩	摩	訶	薩		
나무 **나**	없을 **무**	바를 **정**	갈래 **취**	보리 **보**	보살 **살**	갈 **마**	꾸짖을 **하**	보살 **살**		

관세음보살마하살께 귀의합니다. 대세지보살마하살께 귀의합니다.
천수보살마하살께 귀의합니다. 여의륜보살마하살께 귀의합니다.
대륜보살마하살께 귀의합니다. 관자재보살마하살께 귀의합니다.
정취보살마하살께 귀의합니다.

南	無	滿	月	菩	薩	摩	訶	薩		
나무 나	없을 무	찰 만	달 월	보리 보	보살 살	갈 마	꾸짖을 하	보살 살		
南	無	水	月	菩	薩	摩	訶	薩		
나무 나	없을 무	물 수	달 월	보리 보	보살 살	갈 마	꾸짖을 하	보살 살		
南	無	軍	茶	利	菩	薩	摩	訶	薩	
나무 나	없을 무	군사 군	차 다	이로울 리	보리 보	보살 살	갈 마	꾸짖을 하	보살 살	
南	無	十	一	面	菩	薩	摩	訶	薩	
나무 나	없을 무	열 십	한 일	낯 면	보리 보	보살 살	갈 마	꾸짖을 하	보살 살	
南	無	諸	大	菩	薩	摩	訶	薩		
나무 나	없을 무	모두 제	큰 대	보리 보	보살 살	갈 마	꾸짖을 하	보살 살		
南	無	本	師	阿	彌	陀	佛			
나무 나	없을 무	근본 본	스승 사	언덕 아	두루 미	비탈질 타	부처 불			
南	無	本	師	阿	彌	陀	佛			
나무 나	없을 무	근본 본	스승 사	언덕 아	두루 미	비탈질 타	부처 불			

만월보살마하살께 귀의합니다. 수월보살마하살께 귀의합니다.

군다리보살마하살께 귀의합니다. 십일면보살마하살께 귀의합니다.

제대보살마하살께 귀의합니다.

『본사아미타불께 귀의합니다』(세번)

南	無	本	師	阿	彌	陀	佛			
나무 **나**	없을 **무**	근본 **본**	스승 **사**	언덕 **아**	두루 **미**	비탈질 **타**	부처 **불**			
神	妙	章	句	大	陀	羅	尼			
신통할 **신**	묘할 **묘**	글 **장**	글귀 **구**	큰 **대**	비탈질 **타(다)**	그물 **라**	여승 **니**			
나	모	라		다	나	다	라		야	야

· **나모** : 귀의하여 받든다 · **라다나** : 보배 　　　　　　　　　· **다라야** : 삼(三) 　　　　　　　　· **야** : ~에게

나	막	알	약		바	로	기	제		새

· **나막** : 귀의하여 받든다 · **알약** : 성스럽다 　　　　　· **바로기제새바라** : 관자재 ; 관세음보살의 다른 이름

바	라	야		모	지		사	다	바	야

　　　　　· **야** : ~에게 　　　　· **모지** : 보리 　　　　　· **사다바** : 살타 [보리살타] 　　· **야** : ~에게

마	하		사	다	바	야		마	하	가

· **마하** : 크다, 대(大) 　　　· **사다바** : 보살 　　　· **야** : ~에게 　　　· **마하** : 크다, 대(大)

로		니	가	야		음		살	바	

· **가로니가** : 까로니까 ; 비(悲) [대비(大悲)]　· **야** : ~에게　· **옴** : 우주의 소리　· **살바** : 일체

신묘하고 불가사의한 큰 다라니
삼보께 귀의합니다.
성스러운 관자재보살 마하살 대비존께 귀의합니다.

| 바 | 예 | 수 | | 다 | 라 | 나 | | 가 | 라 | 야 |

· **바예수** : 두려움들에서　　　　　　· **다라나** : 구제, 구도　　　　　　· **가라야** : 행위하다 [구제하는]

| 다 | 사 | 명 | | 나 | 막 | 까 | 리 | | 다 | 바 |

· **다사명** : 그런 까닭에　　　　　　· **나막** : 귀의하여 받든다　**까리다바** : 어지신 분

| 이 | 맘 | 알 | 야 | | 바 | 로 | 기 | 제 | | 새 |

· **이맘** : 이, 이를　　　· **알야** : 성스럽다　　　　　· **바로기제새바라** : 관자재보살

| 바 | 라 | | 다 | 바 | | 니 | 라 | 간 | 타 |

　　　　　· **다바** : 찬탄하다　　　　　· **니라** : 푸른　　　· **간타** : 목 [청경(靑頸)]

| 나 | 막 | 하 | 리 | 나 | 야 | | 마 | 발 | 다 |

· **나막** : ~라고 이름하는　· **하리나야** : 마음, 심수, 진언　　　　· **마발다 이사미** : 암송하겠다, 반복하겠다

| 이 | 사 | 미 | | 살 | 발 | 타 | | 사 | 다 | 남 |

　　　　　· **살발타** : 살바르타(**살바** : 일체, **르타** : 목적, 이익)　· **사다남** : 완성, 성취

| 수 | 반 | | 아 | 예 | 염 | | 살 | 바 | | 보 |

· **수반** : 길상, 훌륭한　　　　· **아예염** : 불가승, 이길 수 없는　　　　· **살바** : 일체　　　　　· **보다남** : 존재

모든 두려움에서 구제해 주시는 저 어진 관세음보살께 귀의하고
이 성스러운 관자재보살을 찬탄합니다.
청경존의 그 마음과 모든 목적을 성취하고 모든 존재들의 삶의 길을 청정하게 하시는
그 마음을 노래합니다.

다	남		바	바	말	아		미	수	다

·**바바말아** : 탄생하다, 존재하다, 삶의 길 　　·**미수다감** : 정화, 청정

감		다	냐	타		옴		아	로	게

·**다냐타** : 그것은 다음과 같다 　　·**옴** : 극찬의 의미 　·**아로게** : 광명, 명조(明照), 안목, 봄

아	로	가		마	지	로	가		지	가

·**아로가** : 광명, 명조(明照), 안목, 봄 　　·**마지** : 지혜 　　·**로가** : 로까 ; 세간, 세계 　　·**지가란제** : 초월하다

란	제		혜	혜	하	례		마	하	모

·**혜혜** : 감탄사 '오!' 　·**하례** : 신의 이름 ; 관세음보살 　·**마하** : 크다, 대(大)

지		사	다	바		사	마	라		사

·**모지 사다바** : 보리살타 ; 보살 　　　·**사마라** : 기억하다, 억념하다

마	라		하	리	나	야		구	로	구

·**사마라** : 기억하다, 억념하다 　·**하리나야** : 마음의 진언, 심수 　　　·**구로** : 작위, 시행, 행위

로		갈	마		사	다	야		사	다

·**구로** : 작위, 시행, 행위 　·**갈마** : 카르마 ; 업, 작용, 행위 　·**사다야** : 성취하다 　　　·**사다야** : 성취하다

옴! 광명존이시여, 광명의 지혜존이시여, 세간을 초월하신 존(尊)이시여,

오! 님이시여, 위대한 보살이시여!

마음의 진언을 억념하옵소서, 억념하옵소서. 작업을 실행하소서, 실행하소서.

성취케 하소서, 성취케 하소서.

야	도 로 도 로	미 연 제

· **도로** : 승리하다　　· **도로** : 승리하다　　· **미연제** : 승리한 님이시여

마 하	미 연 제	다 라 다 라

· **마하 미연제** : 위대한 승리자　　· **다라** : 수지, 보존　· **다라** : 수지, 보존

다 린	나 례	새 바 라	자

· **다린 나례 새바라** : 지닌다의 '다라'와 번개를 뜻하는 '인드라'와 절대자를 뜻하는 '이슈바라'가 합해진 말　· **자라** : 발동, 행동

라 자 라	마 라 미 마 라	아

· **자라** : 발동, 행동　　· **마라** : 때, 더러움　· **미** : 부정의 뜻 · **마라** : 때, 더러움　· **아** : 부정의 뜻

마 라	몰 제	예 혜 혜	로

· **마라** : 때, 더러움　　· **몰제** : 훌륭한 모습　　· **예혜혜** : 예히예히 ; 강림하다, 오다

계	새 바 라	라 아 미 사 미

· **로계** : 세간, 세계　· **새바라** : 주인　　· **라아** : 탐심　　· **미사** : 독

나 사 야	나 베	사 미 사 미

· **미나사야** : 멸망, 소멸　　· **나베사** : 성내는 마음　　· **미사** : 독

승리하고 또 승리하소서, 위대한 승리자시여!

지켜 주소서, 번개를 지니신 절대자시여,

발동하소서, 더러움을 떠난 님이시여, 티없이 깨끗한 원만상존이시여, 강림하소서, 강림하소서.

세간의 주인이신 자재존이시여, 탐욕의 독을 소멸케 하소서, 성냄의 독을 소멸케 하소서,

나	사	야		모	하	자	라		미	사

· **미나사야** : 소멸, 멸망　　　　　　　　　· **모하** : 어리석은 마음　· **자라** : 동요 ; 어리석음에 의한 행동　· **미사** : 독

미		나	사	야		호	로	호	로

· **미나사야** : 소멸, 멸망　　　　　　　　　　　· **호로** : 감탄사 '아!'　· **호로** : 감탄사 '아!'

마	라	호	로		하	례		바	나	마

· **마라** : 님　　　　· **호로** : 감탄사 '아!'　　　　· **하례** : 신의 이름　　　　· **바나마** : 연꽃

나	바		사	라	사	라		시	리	시

· **나바** : 마음, 중심, 중앙　　· **사라사라** : 물이 흐르는 모습을 나타낸 의태어　· **시리시리** : 물이 흐르는 모습을 나타낸 의태어

리		소	로	소	로		못	쟈	못	쟈

· **소로소로** : 물이 흐르는 모습을 나타낸 의태어　　· **못쟈** : 붓다, 깨달음　· **못쟈** : 붓다, 깨달음

모	다	야		모	다	야		매	다	리

· **모다야** : 보다야 ; 보리　　　　· **모다야** : 보다야 ; 보리　· **매다리야** : 미륵보살의 이름 '마이트리야' ; 자비로운

야		니	라	간	타		가	마	사

· **니라간타** : 청경관음　　　　　　　　　　　· **가마사** : 욕망의, 원망(願望)의

어리석음의 독을 소멸케 하소서, 어서 빨리 가져가십시오.

아, 님이시여, 아! 연꽃의 마음을 간직한 이여, 감로법수를 흐르게 하소서, 흐르게 하소서.

감로의 지혜 광명을 흐르게 하소서, 흐르게 하소서.

감로의 덕을 흐르게 하소서, 흐르게 하소서.

깨닫게 하소서, 깨닫게 하소서.

자비심 깊으신 청경관음존이시여,

날	사	남		바	라	하	라	나	야

· **날사남** : 부수다, 파괴하다   · **바라하라나야** : 악마왕 아들의 이름 ; 악마를 따르지 않고 정법을 따른 자

마	낙		사	바	하		싯	다	야

· **마낙** : 마음   · **사바하** : 성취, 원만, 구경   · **싯다야** : 성취

사	바	하		마	하	싯	다	야	사

· **사바하** : 성취, 원만, 구경   · **마하** : 크다, 대(大)   · **싯다야** : 성취

바	하		싯	다	유	예		새	바	라

· **사바하** : 성취, 원만, 구경   · **싯다** : 성취   · **유예** : 요가   · **새바라야** : 자재(自在)

야		사	바	하		니	라	간	타	야

· **사바하** : 성취, 원만, 구경   · **니라간타** : 청경관음   · **야** : ~에게

사	바	하		바	라	하		목	카	싱

· **사바하** : 성취, 원만, 구경   · **바라하** : 산돼지   · **목카** : 얼굴   · **싱하** : 사자

하		목	카	야		사	바	하		바

· **목카** : 얼굴   · **야** : ~에게   · **사바하** : 성취, 원만, 구경

욕망을 부숴 버린 님의 마음을 위하여,

성취하신 분을 위하여,

위대한 성취존을 위하여,

요가를 성취하신 자재존을 위하여,

청경관음존을 위하여,

산돼지 얼굴, 사자 얼굴을 한 관세음보살을 위하여,

나	마		하	따	야		사	바	하

· **바나마** : 연꽃　　　　· **하따야** : 잡다　　　　· **사바하** : 성취, 원만, 구경

자	가	라		욕	다	야		사	바	하

· **자가라** : 크고 둥근 바퀴　　　　· **욕다야** : 지니다　　　　· **사바하** : 성취, 원만, 구경

상	카	섭	나	녜		모	다	나	야

· **상카 섭나** : 법(法) 소라 나팔 소리　　　　· **녜모다나야** : 깨어나다

사	바	하		마	하	라		구	타	다

· **사바하** : 성취, 원만, 구경　　　　· **마하** : 크다, 대(大)　　· **라구타** : 곤봉, 금강저

라	야		사	바	하		바	마	사	간

· **다라야** : 가지다　　　· **사바하** : 성취, 원만, 구경　　　· **바마** : 왼쪽　　· **사간타** : 어깨

타		이	사	시	체	다		가	릿	나

· **이사** : 곳, 장소　　· **시체다** : 굳게 지키다　　· **가릿나** : 흑색 신승존(身勝尊) ; 힌두신화의 크리슈나

이	나	야		사	바	하		먀	가	라

· **이나야** : 승리자　　　　· **사바하** : 성취, 원만, 구경　　　· **먀가라** : 호랑이

연꽃을 손에 잡으신 관음존을 위하여,

큰 바퀴를 지니신 관음존을 위하여,

법 소라 나팔 소리로 깨어난 관세음보살을 위하여,

위대한 금강저를 가지신 관음존을 위하여,

왼쪽 어깨 쪽을 굳게 지키는 흑색의 승리자이신 관음존을 위하여,

| 잘 | 마 | | 이 | 바 | 사 | 나 | 야 | | 사 | 바 |

· **잘마** : 가죽   · **이바사나야** : 머물다   · **사바하** : 성취, 원만, 구경

| 하 | | 나 | 모 | 라 | | 다 | 나 | 다 | 라 |

· **나모** : 귀의하여 받든다   · **라다나** : 보배   · **다라야** : 삼(三)

| 야 | 야 | | 나 | 막 | 알 | 야 | | 바 | 로 | 기 |

· **야** : ~에게   · **나막** : 귀의하여 받든다 · **알야** : 성스럽다   · **바로기제새바라** : 관자재보살

| 제 | | 새 | 바 | 라 | 야 | | 사 | 바 | 하 | · |

· **야** : ~에게   · **사바하** : 성취, 원만, 구경

| 나 | 모 | 라 | | 다 | 나 | 다 | 라 | | 야 | 야 |

· **나모** : 귀의하여 받든다 · **라다나** : 보배   · **다라야** : 삼(三)   · **야** : ~에게

| 나 | 막 | 알 | 야 | | 바 | 로 | 기 | 제 | | 새 |

· **나막** : 귀의하여 받든다 · **알야** : 성스럽다   · **바로기제새바라** : 관자재보살

| 바 | 라 | 야 | | 사 | 바 | 하 | · | 나 | 모 | 라 |

· **야** : ~에게   · **사바하** : 성취, 원만, 구경   · **나모** : 귀의하여 받든다

호랑이 가죽 위에 머물러 있는 관음존을 위하여.

삼보께 귀의합니다.

성스러운 관자재보살에게 귀의합니다.

다	나	다	라		야	야		나	막	알

· **라다나** : 보배 　　· **다라야** : 삼(三) 　　　　　　　　· **야** : ～에게 　　· **나막** : 귀의하여 받든다

야		바	로	기	제		새	바	라	야

· **알야** : 성스럽다 　　· **바로기제새바라** : 관자재보살 　　　　　　　　· **야** : ～에게

사	바	하								

· **사바하** : 성취, 원만, 구경

四	方	讚					
넉 **사**	방위 **방**	기릴 **찬**					
一	灑	東	方	潔	道	場	
한 **일**	뿌릴 **쇄**	동녘 **동**	방위 **방**	깨끗할 **결**	길 **도**	마당 **장(량)**	
二	灑	南	方	得	淸	凉	
두 **이**	뿌릴 **쇄**	남녘 **남**	방위 **방**	얻을 **득**	맑을 **청**	서늘할 **량**	
三	灑	西	方	俱	淨	土	
석 **삼**	뿌릴 **쇄**	서녘 **서**	방위 **방**	갖출 **구**	깨끗할 **정**	흙 **토**	

사방을 찬탄함

첫째로 동쪽을 향해 물을 뿌리면 도량이 밝아지고

둘째로 남쪽을 향해 물을 뿌리면 시원함을 얻으며

셋째로 서쪽을 향해 물을 뿌리면 정토를 구족하고

四	灑	北	方	永	安	康			
넉 사	뿌릴 쇄	북녘 북	방위 방	길 영	편안 안	편안 강			
道	場	讚							
길 도	마당 장(량)	기릴 찬							
道	場	淸	淨	無	瑕	穢			
길 도	마당 장(량)	맑을 청	깨끗할 정	없을 무	허물 하	더러울 예			
三	寶	天	龍	降	此	地			
석 삼	보배 보	하늘 천	용 룡	내릴 강	이 차	땅 지			
我	今	持	誦	妙	眞	言			
나 아	이제 금	가질 지	외울 송	묘할 묘	참 진	말씀 언			
願	賜	慈	悲	密	加	護			
원할 원	줄 사	사랑 자	슬플 비	비밀 밀	더할 가	도울 호			
懺	悔	偈							
뉘우칠 참	뉘우칠 회	쉴 게							

넷째로 북쪽을 향해 물을 뿌리면 영원한 편안함을 얻습니다.

도량을 찬탄함

도량이 깨끗해져서 티끌과 더러움이 없으니, 불법승 삼보와 천룡팔부가 이 땅에 내려옵니다.

제가 이제 묘한 진언 받아 외우오니, 원컨대 자비를 내려서 은밀하고 비밀스럽게 지켜 주십시오.

참회하는 게송

我	昔	所	造	諸	惡	業
나 아	예 석	바 소	지을 조	모두 제	악할 악	업 업
皆	由	無	始	貪	瞋	癡
다 개	말미암을 유	없을 무	비로소 시	탐낼 탐	성낼 진	어리석을 치
從	身	口	意	之	所	生
좇을 종	몸 신	입 구	뜻 의	어조사 지	바 소	날 생
一	切	我	今	皆	懺	悔
한 일	온통 체	나 아	이제 금	다 개	뉘우칠 참	뉘우칠 회

懺	除	業	障	十	二	尊	佛
뉘우칠 참	덜 제	업 업	막을 장	열 십	두 이	높을 존	부처 불

南	無	懺	除	業	障	寶	勝	藏	佛
나무 나	없을 무	뉘우칠 참	덜 제	업 업	가로막을 장	보배 보	수승할 승	감출 장	부처 불

寶	光	王	火	燄	照	佛
보배 보	빛 광	임금 왕	불 화	불꽃 염	비칠 조	부처 불

제가 먼 옛날부터 지은 모든 악업들, 오랜 옛적부터 익혀 온 탐진치 삼독을 말미암아 일어납니다.
몸과 말과 뜻의 삼업으로 인해서 지었으니, 모든 것들을 저는 이제 참회합니다.

업장 참회를 증명하는 열두 부처님

참제업장보승장불께 참회합니다.
보광왕화염조불께 참회합니다.

一	切	香	華	自	在	力	王	佛		
한 일	온통 체	향기 향	빛날 화	스스로 자	있을 재	힘 력	임금 왕	부처 불		
百	億	恒	河	沙	決	定	佛			
일백 백	억 억	항상 항	물 하	모래 사	결단할 결	정할 정	부처 불			
振	威	德	佛							
떨칠 진	위엄 위	덕 덕	부처 불							
金	剛	堅	强	消	伏	壞	散	佛		
쇠 금	굳셀 강	굳을 견	강할 강	사라질 소	엎드릴 복	무너질 괴	흩을 산	부처 불		
普	光	月	殿	妙	音	尊	王	佛		
넓을 보	빛 광	달 월	전각 전	묘할 묘	소리 음	높을 존	임금 왕	부처 불		
歡	喜	藏	摩	尼	寶	積	佛			
기쁠 환	기쁠 희	감출 장	갈 마	여승 니	보배 보	쌓을 적	부처 불			
無	盡	香	勝	王	佛					
없을 무	다할 진	향기 향	수승할 승	임금 왕	부처 불					

일체향화자재력왕불께 참회합니다. 백억항하사결정불께 참회합니다.

진위덕불께 참회합니다. 금강견강소복괴산불께 참회합니다.

보광월전묘음존왕불께 참회합니다. 환희장마니보적불께 참회합니다.

무진향승왕불께 참회합니다.

獅	子	月	佛				
사자 **사**	아들 **자**	달 **월**	부처 **불**				
歡	喜	莊	嚴	珠	王	佛	
기쁠 **환**	기쁠 **희**	꾸밀 **장**	엄할 **엄**	구슬 **주**	임금 **왕**	부처 **불**	
帝	寶	幢	摩	尼	勝	光	佛
임금 **제**	보배 **보**	기 **당**	갈 **마**	여승 **니**	수승할 **승**	빛 **광**	부처 **불**
十	惡	懺	悔				
열 **십**	악할 **악**	뉘우칠 **참**	뉘우칠 **회**				
殺	生	重	罪	今	日	懺	悔
죽일 **살**	날 **생**	무거울 **중**	허물 **죄**	이제 **금**	날 **일**	뉘우칠 **참**	뉘우칠 **회**
偸	盜	重	罪	今	日	懺	悔
훔칠 **투**	도둑 **도**	무거울 **중**	허물 **죄**	이제 **금**	날 **일**	뉘우칠 **참**	뉘우칠 **회**
邪	淫	重	罪	今	日	懺	悔
간사할 **사**	음란할 **음**	무거울 **중**	허물 **죄**	이제 **금**	날 **일**	뉘우칠 **참**	뉘우칠 **회**

사자월불께 참회합니다. 환희장엄주왕불께 참회합니다.

제보당마니승광불께 참회합니다.

열 가지 악업을 참회함

살생으로 지은 무거운 죄 오늘 모두 참회합니다.

도둑질로 지은 무거운 죄 오늘 모두 참회합니다.

삿된 음행의 무거운 죄 오늘 모두 참회합니다.

妄	語	重	罪	今	日	懺	悔			
망령될 **망**	말씀 **어**	무거울 **중**	허물 **죄**	이제 **금**	날 **일**	뉘우칠 **참**	뉘우칠 **회**			
綺	語	重	罪	今	日	懺	悔			
비단 **기**	말씀 **어**	무거울 **중**	허물 **죄**	이제 **금**	날 **일**	뉘우칠 **참**	뉘우칠 **회**			
兩	舌	重	罪	今	日	懺	悔			
두 **양**	혀 **설**	무거울 **중**	허물 **죄**	이제 **금**	날 **일**	뉘우칠 **참**	뉘우칠 **회**			
惡	口	重	罪	今	日	懺	悔			
악할 **악**	입 **구**	무거울 **중**	허물 **죄**	이제 **금**	날 **일**	뉘우칠 **참**	뉘우칠 **회**			
貪	愛	重	罪	今	日	懺	悔			
탐낼 **탐**	사랑 **애**	무거울 **중**	허물 **죄**	이제 **금**	날 **일**	뉘우칠 **참**	뉘우칠 **회**			
瞋	恚	重	罪	今	日	懺	悔			
성낼 **진**	성낼 **에**	무거울 **중**	허물 **죄**	이제 **금**	날 **일**	뉘우칠 **참**	뉘우칠 **회**			
癡	暗	重	罪	今	日	懺	悔			
어리석을 **치**	어두울 **암**	무거울 **중**	허물 **죄**	이제 **금**	날 **일**	뉘우칠 **참**	뉘우칠 **회**			

망령된 말로써 지은 무거운 죄 오늘 모두 참회합니다.

비단결 같은 말로써 지은 무거운 죄 오늘 모두 참회합니다.

두 가지 말로써 지은 무거운 죄 오늘 모두 참회합니다.

악담으로 지은 무거운 죄 오늘 모두 참회합니다.

탐욕으로 인해 지은 무거운 죄 오늘 모두 참회합니다.

성냄으로 인해 지은 무거운 죄 오늘 모두 참회합니다. 어리석음으로 인해 지은 무거운 죄 오늘 모두 참회합니다.

百	劫	積	集	罪		一	念	頓	蕩	除
일백 백	겁 겁	쌓을 적	모을 집	허물 죄		한 일	생각 념	갑자기 돈	방탕할 탕	덜 제
如	火	焚	枯	草		滅	盡	無	有	餘
같을 여	불 화	불사를 분	마를 고	풀 초		멸할 멸	다할 진	없을 무	있을 유	남을 여
罪	無	自	性	從	心	起				
허물 죄	없을 무	스스로 자	성품 성	좇을 종	마음 심	일어날 기				
心	若	滅	時	罪	亦	亡				
마음 심	만약 약	멸할 멸	때 시	허물 죄	또 역	망할 망				
罪	亡	心	滅	兩	俱	空				
허물 죄	망할 망	마음 심	멸할 멸	두 양	함께 구	빌 공				
是	則	名	爲	眞	懺	悔				
이 시	곧 즉	이름 명	할 위	참 진	뉘우칠 참	뉘우칠 회				
懺	悔	眞	言							
뉘우칠 참	뉘우칠 회	참 진	말씀 언							

백겁 동안 쌓인 죄업 한순간에 모두 없어져서,

마른풀이 불에 타듯 남김없이 소멸되게 해 주십시오.

죄는 본래 실체가 없는데 마음 좇아 일어난 것이므로,

마음이 소멸되면 죄 또한 없어집니다.

마음이 없어지고 죄도 없어져서 두 가지가 함께 텅 비게 되면, 이것이야말로 참된 참회라 하겠습니다.

죄업을 참회하는 진언

옴	살	바	못	자	모	지

· **옴** : 우주의 핵심, 항복, 조복 · **살바** : 일체　　　　· **못자** : 붓다　　　　· **모지** : 보리

사	다	야	사	바	하	· 옴	살

· **사다** : 살타　　　· **야** : ~에게　　　· **사바하** : 구경, 원만, 성취, 맡기다, 귀의하다　　**옴** : 우주의 핵심, 항복, 조복

바	못	자	모	지	사	다	야

· **살바** : 일체　　　· **못자** : 붓다　　　　· **모지** : 보리　　　　· **사다** : 살타　　　· **야** : ~에게

사	바	하	· 옴	살	바	못	자

· **사바하** : 구경, 원만, 성취, 맡기다, 귀의하다　**옴** : 우주의 핵심, 항복, 조복　· **살바** : 일체　　　· **못자** : 붓다

모	지	사	다	야	사	바	하

· **모지** : 보리　　　　· **사다** : 살타　　　· **야** : ~에게　　　· **사바하** : 구경, 원만, 성취, 맡기다, 귀의하다

准	提	功	德	聚		寂	靜	心	常	誦
준할 **준**	끌 **제**	공 **공**	덕 **덕**	모을 **취**		고요할 **적**	고요할 **정**	마음 **심**	항상 **상**	외울 **송**
一	切	諸	大	難		無	能	侵	是	人
한 **일**	온통 **체**	모두 **제**	큰 **대**	어려울 **난**		없을 **무**	능할 **능**	침노할 **침**	이 **시**	사람 **인**

『옴 살바 못자 모지 사다야 사바하』(세번)

- 일체의 불보살님께 귀의합니다.

준제진언의 큰 공덕을 고요한 마음으로 항상 외우면

일체의 모든 어려움이 침범하지 못하리니

天	上	及	人	間		受	福	如	佛	等
하늘 천	위 상	및 급	사람 인	사이 간		받을 수	복 복	같을 여	부처 불	같을 등
遇	此	如	意	珠		定	獲	無	等	等
만날 우	이 차	같을 여	뜻 의	구슬 주		정할 정	얻을 획	없을 무	같을 등	같을 등
南	無	七	俱	胝	佛	母	大	准	提	菩
나무 나	없을 무	일곱 칠	갖출 구	굳은살 지	부처 불	어머니 모	큰 대	준할 준	끌 제	보리 보
薩	·	南	無	七	俱	胝	佛	母	大	准
보살 살		나무 나	없을 무	일곱 칠	갖출 구	굳은살 지	부처 불	어머니 모	큰 대	준할 준
提	菩	薩	·	南	無	七	俱	胝	佛	母
끌 제	보리 보	보살 살		나무 나	없을 무	일곱 칠	갖출 구	굳은살 지	부처 불	어머니 모
大	准	提	菩	薩						
큰 대	준할 준	끌 제	보리 보	보살 살						
淨	法	界	眞	言						
깨끗할 정	법 법	경계 계	참 진	말씀 언						

천상이나 보통의 사람이나 부처님처럼 똑같이 복 받으며

이 여의주를 만나면 결정코 깨달음을 얻을 것입니다.

『나무칠구지불모대준제보살』 (세번)

- 칠억 부처님의 어머니인 대준제보살께 귀의합니다.

법계를 깨끗이 하는 진언

| 옴 | 남 | · | 옴 | 남 | · | 옴 | | 남 |

·**옴** : 우주의 핵심, 항복, 조복 ·**남** : 람 ; 화대(火大)의 종자 ·**옴** : 우주의 핵심, 항복, 조복 ·**남** : 람 ; 화대(火大)의 종자 ·**옴** : 우주의 핵심, 항복, 조복 ·**남** : 람 ; 화대(火大)의 종자

護	身	眞	言
도울 호	몸 신	참 진	말씀 언

| 옴 | 치 | 림 | · | 옴 | 치 | 림 | · | 옴 |

·**옴** : 우주의 핵심, 항복, 조복　·**치림** : 쓰림 ; 묘길상의 종자　·**옴** : 우주의 핵심, 항복, 조복　·**치림** : 쓰림 ; 묘길상의 종자　·**옴** : 우주의 핵심, 항복, 조복

| 치 | 림 |

·**치림** : 쓰림 ; 묘길상의 종자

觀	世	音	菩	薩	本	心	微	妙	六	字
볼 관	세상 세	소리 음	보리 보	보살 살	근본 본	마음 심	작을 미	묘할 묘	여섯 육	글자 자

大	明	王	眞	言
큰 대	밝을 명	임금 왕	참 진	말씀 언

| 옴 | 마 | 니 | | 반 | 메 | | 훔 |

·**옴** : 우주의 소리, 마음, 불성 ·**마니** : 마니구슬　　　　·**반메** : 빠드메 ; 연꽃　　　·**훔** : 이구청정(離垢淸爭)

『옴 남』(세번) - 지혜의 불이 모든 망상을 태워 버리고 깨달음의 문에 들게 합니다.

몸을 보호하는 진언

『옴 치림』(세번) - 일체 묘길상의 종자여, 모든 좋은 일이 자신으로부터 나옵니다.

관세음보살의 본래 마음의 미묘한 여섯 자로 된 크고 밝은 왕의 진언

『옴 마니 반메 훔』(세번)

oṃ		ma	ni	pa	dme	hūṃ

옴	마	니	반	메	훔

· **옴** : 우주의 소리, 마음, 불성 · **마니** : 마니구슬 · **반메** : 빠드메 ; 연꽃 · **훔** : 이구청정(離垢淸淨)

准	提	眞	言
준할 준	끌 제	참 진	말씀 언

나	무	사	다	남	삼	먁	삼	못

· **나무** : 귀의하다 · **사다** : 일곱, 칠 · **남** : 복수의 뜻 · **삼먁삼** : 정등(正等) · **못다** : 붓다

다	구	치	남	다	냐	타	옴

· **구치** : 천만억, 억 · **남** : 복수의 뜻 · **다냐타** : 곧 설해 가로되 · **옴** : 우주의 소리

자	례	주	례	준	제	사	바

· **자례** : 유행존(遊行尊) · **주례** : 정계존(頂髻尊) · **준제** : 묘의 청정존이시여 · **사바하** : 원만, 성취

하	부	림	·	나	무	사	다	남

· **부림** : 정륜왕의 종자 · **나무** : 귀의하다 · **사다** : 일곱, 칠 · **남** : 복수의 뜻

준제보살의 진언

『나무 사다남 삼먁삼못다 구치남 다냐타 옴 자례 주례 준제 사바하 부림』(세번)

- 칠억 부처님께 귀의합니다.

움직이고 흘러다니는 분이시여, 정계존이시여, 묘의 청정존이시여, 성취하십시오.

삼	먁	삼	못	다		구	치	남		다

·**삼먁삼** : 정등(正等)　　　　·**못다** : 붓다　　　　　　　·**구치** : 천만억, 억　　·**남** : 복수의 뜻

냐	타		옴		자	례		주	례

·**다냐타** : 곧 설해 가로되　　　·**옴** : 우주의 소리　　·**자례** : 유행존(遊行尊)　　·**주례** : 정계존(頂髻尊)

준	제	·	사	바	하		부	림	·	나

·**준제** : 묘의 청정존이시여　　　·**사바하** : 원만, 성취　　　　　　·**부림** : 정륜왕의 종자　　·**나무** : 귀의하다

무		사	다	남		삼	먁	삼	못	다

·**사다** : 일곱, 칠　　·**남** : 복수의 뜻　　·**삼먁삼** : 정등(正等)　　　　·**못다** : 붓다

구	치	남		다	냐	타		옴		자

·**구치** : 천만억, 억　　·**남** : 복수의 뜻　　·**다냐타** : 곧 설해 가로되　　　　·**옴** : 우주의 소리

례		주	례		준	제		사	바	하

·**자례** : 유행존(遊行尊)　·**주례** : 정계존(頂髻尊)　　　·**준제** : 묘의 청정존이시여　　·**사바하** : 원만, 성취

부	림									

·**부림** : 정륜왕의 종자

我	今	持	誦	大	准	提			
나 아	이제 금	가질 지	외울 송	큰 대	준할 준	끌 제			
卽	發	菩	提	廣	大	願			
곧 즉	필 발	보리 보	끌 제(리)	넓을 광	큰 대	원할 원			
願	我	定	慧	速	圓	明			
원할 원	나 아	정할 정	슬기로울 혜	빠를 속	둥글 원	밝을 명			
願	我	功	德	皆	成	就			
원할 원	나 아	공 공	덕 덕	다 개	이룰 성	나아갈 취			
願	我	勝	福	遍	莊	嚴			
원할 원	나 아	수승할 승	복 복	두루 편(변)	꾸밀 장	엄할 엄			
願	共	衆	生	成	佛	道			
원할 원	함께 공	무리 중	날 생	이룰 성	부처 불	길 도			
如	來	十	大	發	願	文			
같을 여	올 래	열 십	큰 대	필 발	원할 원	글월 문			

제가 이제 대준제진언을 외워 지니오니, 곧 보리심을 발하고 넓고 큰 원 발해지이다.

원컨대 제가 삼매를 통해서 정과 혜가 원만히 밝아지고, 크고 작은 모든 공덕이 다 성취되어지이다.

원컨대 제가 지닌 훌륭한 복으로 모든 것이 성취되고, 모든 중생이 다 함께 불도를 이루어지이다.

여래의 열 가지 큰 원력을 발하는 글

願	我	永	離	三	惡	道			
원할 **원**	나 **아**	길 **영**	떠날 **리**	석 **삼**	악할 **악**	길 **도**			
願	我	速	斷	貪	瞋	癡			
원할 **원**	나 **아**	빠를 **속**	끊을 **단**	탐낼 **탐**	성낼 **진**	어리석을 **치**			
願	我	常	聞	佛	法	僧			
원할 **원**	나 **아**	항상 **상**	들을 **문**	부처 **불**	법 **법**	스님 **승**			
願	我	勤	修	戒	定	慧			
원할 **원**	나 **아**	부지런할 **근**	닦을 **수**	경계할 **계**	정할 **정**	슬기로울 **혜**			
願	我	恒	隨	諸	佛	學			
원할 **원**	나 **아**	항상 **항**	따를 **수**	모두 **제**	부처 **불**	배울 **학**			
願	我	不	退	菩	提	心			
원할 **원**	나 **아**	아닐 **불**	물러날 **퇴**	보리 **보**	끌 **제(리)**	마음 **심**			
願	我	決	定	生	安	養			
원할 **원**	나 **아**	결단할 **결**	정할 **정**	날 **생**	편안 **안**	기를 **양**			

원컨대 저는 지옥·아귀·축생의 삼악도를 영원히 떠나서 살기를 원합니다.

원컨대 저는 탐진치 삼독을 빨리 끊기를 원합니다.

원컨대 저는 불법승 삼보에 대해 항상 듣기를 원합니다.

원컨대 저는 계정혜 삼학을 부지런히 닦기를 원합니다.

원컨대 저는 항상 모든 부처님을 따라서 배우기를 원합니다.

원컨대 저는 깨달음의 마음에서 물러서지 않기를 원합니다. 원컨대 저는 반드시 극락세계에 태어나기를 원합니다.

願	我	速	見	阿	彌	陀				
원할 **원**	나 **아**	빠를 **속**	볼 **견**	언덕 **아**	두루 **미**	비탈질 **타**				
願	我	分	身	遍	塵	刹				
원할 **원**	나 **아**	나눌 **분**	몸 **신**	두루 **편(변)**	티끌 **진**	절 **찰**				
願	我	廣	度	諸	衆	生				
원할 **원**	나 **아**	넓을 **광**	법도 **도**	모두 **제**	무리 **중**	날 **생**				
發	四	弘	誓	願						
필 **발**	넉 **사**	클 **홍**	맹세할 **서**	원할 **원**						
衆	生	無	邊	誓	願	度				
무리 **중**	날 **생**	없을 **무**	가 **변**	맹세할 **서**	원할 **원**	법도 **도**				
煩	惱	無	盡	誓	願	斷				
번거로울 **번**	번뇌할 **뇌**	없을 **무**	다할 **진**	맹세할 **서**	원할 **원**	끊을 **단**				
法	門	無	量	誓	願	學				
법 **법**	문 **문**	없을 **무**	헤아릴 **량**	맹세할 **서**	원할 **원**	배울 **학**				

원컨대 저는 속히 아미타불을 친견하기를 원합니다.

원컨대 저는 저의 몸이 먼지처럼 많은 곳에 두루 나투기를 원합니다.

원컨대 저는 모든 중생들을 널리 제도하기를 원합니다.

네 가지 큰 서원을 발함

중생이 끝없지만 맹세코 제도하기를 원합니다. 번뇌가 다함이 없지만 맹세코 끊기를 원합니다.

법문이 한량없지만 맹세코 배우기를 원합니다.

佛	道	無	上	誓	願	成		
부처 **불**	길 **도**	없을 **무**	위 **상**	맹세할 **서**	원할 **원**	이룰 **성**		
自	性	衆	生	誓	願	度		
스스로 **자**	성품 **성**	무리 **중**	날 **생**	맹세할 **서**	원할 **원**	법도 **도**		
自	性	煩	惱	誓	願	斷		
스스로 **자**	성품 **성**	번거로울 **번**	번뇌할 **뇌**	맹세할 **서**	원할 **원**	끊을 **단**		
自	性	法	門	誓	願	學		
스스로 **자**	성품 **성**	법 **법**	문 **문**	맹세할 **서**	원할 **원**	배울 **학**		
自	性	佛	道	誓	願	成		
스스로 **자**	성품 **성**	부처 **불**	길 **도**	맹세할 **서**	원할 **원**	이룰 **성**		
發	願	已	歸	命	禮	三	寶	
필 **발**	원할 **원**	이미 **이**	돌아갈 **귀**	목숨 **명**	예도 **례**	석 **삼**	보배 **보**	
南	無	常	住	十	方	佛		
나무 **나**	없을 **무**	항상 **상**	살 **주**	열 **십(시)**	방위 **방**	부처 **불**		

불도가 높고 높지만 맹세코 이루기를 원합니다.

자성 속에 있는 중생을 맹세코 건지기를 원합니다. 자성 속에 있는 번뇌를 맹세코 끊기를 원합니다.

자성 속에 있는 법문을 맹세코 배우기를 원합니다. 자성 속에 있는 불도를 맹세코 이루기를 원합니다.

발원을 마치고 삼보께 귀의하여 예배드립니다.

『시방세계에 항상 계시는 부처님께 귀의하며 받듭니다.

南	無	常	住	十	方	法				
나무 **나**	없을 **무**	항상 **상**	살 **주**	열 **십(시)**	방위 **방**	법 **법**				
南	無	常	住	十	方	僧				
나무 **나**	없을 **무**	항상 **상**	살 **주**	열 **십(시)**	방위 **방**	스님 **승**				
南	無	常	住	十	方	佛				
나무 **나**	없을 **무**	항상 **상**	살 **주**	열 **십(시)**	방위 **방**	부처 **불**				
南	無	常	住	十	方	法				
나무 **나**	없을 **무**	항상 **상**	살 **주**	열 **십(시)**	방위 **방**	법 **법**				
南	無	常	住	十	方	僧				
나무 **나**	없을 **무**	항상 **상**	살 **주**	열 **십(시)**	방위 **방**	스님 **승**				
南	無	常	住	十	方	佛				
나무 **나**	없을 **무**	항상 **상**	살 **주**	열 **십(시)**	방위 **방**	부처 **불**				
南	無	常	住	十	方	法				
나무 **나**	없을 **무**	항상 **상**	살 **주**	열 **십(시)**	방위 **방**	법 **법**				

시방세계에 항상 있는 가르침에 귀의하며 받듭니다.

시방세계에 항상 계신 승가에 귀의하며 받듭니다』(세번)

南	無	常	住	十	方	僧		
나무 **나**	없을 **무**	항상 **상**	살 **주**	열 **십(시)**	방위 **방**	스님 **승**		

淨	三	業	眞	言				
깨끗할 **정**	석 **삼**	업 **업**	참 **진**	말씀 **언**				

옴		사	바	바	바		수	다	살	바

·**옴** : 우주의 소리   ·**사바바바** : 본성   ·**수다** : 청정   ·**살바** : 일체

달	마		사	바	바	바		수	도	함

·**달마** : 법   ·**사바바바** : 본성   ·**수도** : 청정   ·**함** : 자기 자신

·	옴		사	바	바	바		수	다	살

·**옴** : 우주의 소리   ·**사바바바** : 본성   ·**수다** : 청정   ·**살바** : 일체

바		달	마		사	바	바	바		수

·**달마** : 법   ·**사바바바** : 본성   ·**수도** : 청정

도	함	·	옴		사	바	바	바		수

·**함** : 자기 자신   ·**옴** : 우주의 소리   ·**사바바바** : 본성   ·**수다** : 청정

신구의 삼업을 깨끗이 하는 진언

『옴 사바바바 수다살바 달마 사바바바 수도함』(세번)

- 옴! 본성이 청정한 일체법이여, 내 자성도 청정하여지이다.

다 살 바 　 달 마 　 　 사 바 바 바

·**살바** : 일체　　　　　·**달마** : 법　　　　　·**사바바바** : 본성

수 도 함

·**수도** : 청정　　·**함** : 자기 자신

開 壇 眞 言

열 개　　단 단　　참 진　　말씀 언

옴 　 바 아 라 　 뇌 로 　 다 가

·**옴** : 우주의 소리　·**바아라** : 금강(金剛)　　　·**뇌로** : 불　　　　·**다가다야** : 큰 북

다 야 　 삼 마 야 　 바 라 베

·**삼마야** : 시간　　　　·**바라베 사야** : 두루 임하다

사 야 훔 · 옴 　 바 아 라 　 뇌

·**훔** : 이구청정(離垢淸淨)　·**옴** : 우주의 소리　·**바아라** : 금강(金剛)　　·**뇌로** : 불

로 　 다 가 다 야 　 삼 마 야

·**다가다야** : 큰 북　　　　·**삼마야** : 시간

제단을 여는 진언

『옴 바아라 뇌로 다가다야 삼마야 바라베 사야훔』(세번)

- 옴! 금강의 불길 같은 님이시여, 북이 울릴 때 두루 들어가리라.

바	라	베		사	야	흄	·	옴		바

· **바라베 사야** : 두루 임하다　　　　　　　　　　· **흄** : 이구청정(離垢淸淨)　· **옴** : 우주의 소리

아	라		뇌	로		다	가	다	야

· **바아라** : 금강(金剛)　　　　　· **뇌로** : 불　　　　　· **다가다야** : 큰 북

삼	마	야		바	라	베		사	야	흄

· **삼마야** : 시간　　　　　　　· **바라베 사야** : 두루 임하다　　　　　　· **흄** : 이구청정(離垢淸淨)

建	壇	眞	言
세울 **건**	단 **단**	참 **진**	말씀 **언**

옴		난	다	난	다		나	지	나	지

· **옴** : 우주의 소리　· **난다** : 환희의 신　· **난다** : 환희의 신　　　· **나지** : 건단무녀신　· **나지** : 건단무녀신

난	다	바	리		사	바	하	·	옴

　　　　　· **바리** : 가지고 오소서　　　· **사바하** : 구경, 원만, 성취　　　　· **옴** : 우주의 소리

난	다	난	다		나	지	나	지		난

· **난다** : 환희의 신　· **난다** : 환희의 신　　　· **나지** : 건단무녀신　· **나지** : 건단무녀신

제단을 세우는 진언

『옴 난다난다 나지나지 난다바리 사바하』(세번)

- 환희신이여, 환희신이여, 단을 세우는 무녀신이여, 희열의 낙원을 가지고 오소서.

다 바 리 　 사 바 하 · 옴 　 난

· **바리** : 가지고 오소서　　　· **사바하** : 구경, 원만, 성취　　　· **옴** : 우주의 소리

다 난 다 　 나 지 나 지 　 난 다

· **난다** : 환희의 신　· **난다** : 환희의 신　　· **나지** : 건단무녀신　　· **나지** : 건단무녀신

바 리 　 사 바 하

· **바리** : 가지고 오소서　　　· **사바하** : 구경, 원만, 성취

淨	法	界	眞	言					
깨끗할 **정**	법 **법**	경계 **계**	참 **진**	말씀 **언**					

羅	字	色	鮮	白		空	點	以	嚴	之
그물 **나**	글자 **자**	빛 **색**	고울 **선**	흰 **백**		빌 **공**	점 **점**	써 **이**	엄할 **엄**	어조사 **지**

如	彼	髻	明	珠		置	之	於	頂	上
같을 **여**	저 **피**	상투 **계**	밝을 **명**	구슬 **주**		둘 **치**	어조사 **지**	어조사 **어**	정수리 **정**	위 **상**

眞	言	同	法	界		無	量	衆	罪	除
참 **진**	말씀 **언**	한가지 **동**	법 **법**	경계 **계**		없을 **무**	헤아릴 **량**	무리 **중**	허물 **죄**	덜 **제**

법계를 깨끗이 하는 진언

'나'의 글자는 색이 곱고 흰데, 공의 점으로써 장엄했습니다.

글자 모양은 마치 상투 위에 밝은 구슬을 올린 것과 같으며, 그것을 정상에 두었습니다.

정법계진언은 법계와 같은데, 한량없는 죄를 소멸케 합니다.

一	切	觸	穢	處		當	加	此	字	門
한 일	온통 체	닿을 촉	더러울 예	곳 처		마땅 당	더할 가	이 차	글자 자	문 문
나	무		사	만	다		못	다	남	

· **나무** : 귀의하여 받든다 　　　　· **사만다** : 널리, 두루 　　　　　　　· **못다** : 붓다 　　　　· **남** : ~들

남	·	나	무		사	만	다		못	다

· **남** : 불의 원소 종자 　　· **나무** : 귀의하여 받든다 　　　· **사만다** : 널리, 두루 　　　　　　· **못다** : 붓다

남		남	·	나	무		사	만	다	

· **남** : ~들 　　　　· **남** : 불의 원소 종자 　　· **나무** : 귀의하여 받든다 　　　　· **사만다** : 널리, 두루

못	다	남		남						

· **못다** : 붓다 　　　　· **남** : ~들 　　　　· **남** : 불의 원소 종자

일체의 더러운 곳에 닿을 때마다, 마땅히 이 글자(옴 남)를 놓아 두십시오.

『나무 사만다 못다남 남』(세번)

- 널리 두루 계시는 부처님께 귀의하며 받듭니다.

〈사경 1회〉

千	手	經						
일천 **천**	손 **수**	글 **경**						

淨	口	業	眞	言				
깨끗할 **정**	입 **구**	업 **업**	참 **진**	말씀 **언**				

수 리　　　　수 리　　　마 하 수 리

· **수리** : 길상존　　　　· **수리** : 길상존　　　· **마하** : 크다, 위대하다　· **수리** : 길상존

수 수 리　　　　사 바 하 · 수 리

· **수** : 지극하다　· **수리** : 길상존　　　　· **사바하** : 앞의 내용을 결론짓는 종결 의미, 구경, 원만, 성취　· **수리** : 길상존

수 리　　　마 하 수 리　　　　수 수 리

· **수리** : 길상존　　　· **마하** : 크다, 위대하다　· **수리** : 길상존　　　　· **수** : 지극하다　· **수리** : 길상존

사 바 하 · 수 리　　　　수 리　　　마

· **사바하** : 앞의 내용을 결론짓는 종결 의미, 구경, 원만, 성취　· **수리** : 길상존　　　· **수리** : 길상존　　　· **마하** : 크다, 위대하다

입으로 지은 업을 깨끗이 하는 진언

『수리 수리 마하수리 수수리 사바하』(세번)

- 길상존이시여, 길상존이시여, 대길상존이시여, 극길상존이시여, 그 길상이 원만히 성취되소서.

하	수	리		수	수	리		사	바	하

· **수리** : 길상존   · **수** : 지극하다 · **수리** : 길상존   · **사바하** : 앞의 내용을 결론짓는 종결 의미, 구경, 원만, 성취

五	方	內	外	安	慰	諸	神	眞	言	
다섯 **오**	방위 **방**	안 **내**	밖 **외**	편안 **안**	위로할 **위**	모두 **제**	신 **신**	참 **진**	말씀 **언**	

나	무		사	만	다		못	다	남

· **나무** : 귀의하여 받든다   · **사만다** : 널리, 두루   · **못다** : 붓다   · **남** : ~들

옴		도	로	도	로		지	미	사

· **옴** : 진언의 정형구, 소리의 근원, 우주의 핵심 · **도로** : 건너다 · **도로** : 건너다   · **지미** : 승리하다, 항복시키다

바	하	·	나	무		사	만	다	못

· **사바하** : 구경, 원만, 성취   · **나무** : 귀의하여 받든다   · **사만다** : 널리, 두루   · **못다** : 붓다

다	남		옴		도	로	도	로	지

· **남** : ~들   · **옴** : 진언의 정형구, 소리의 근원, 우주의 핵심 · **도로** : 건너다 · **도로** : 건너다

미		사	바	하	·	나	무		사	만

· **지미** : 승리하다, 항복시키다 · **사바하** : 구경, 원만, 성취   · **나무** : 귀의하여 받든다   · **사만다** : 널리, 두루

모든 신들을 편안하게 해 주는 진언

『나무 사만다 못다남 옴 도로도로 지미 사바하』(세번)

- 온 우주에 두루 계신 부처님께 귀의하고 받드오니, 제도하고 제도하소서, 승리하리이다.

다		못	다	남		옴		도	로	도
		· **못다** : 붓다		· **남** : ~들		· **옴** : 진언의 정형구, 소리의 근원, 우주의 핵심			· **도로** : 건너다	
로		지	미		사	바	하			
· **도로** : 건너다		· **지미** : 승리하다, 항복시키다			· **사바하** : 구경, 원만, 성취					
開	經	偈								
열 **개**	글 **경**	쉴 **게**								
無	上	甚	深	微	妙	法				
없을 **무**	위 **상**	심할 **심**	깊을 **심**	작을 **미**	묘할 **묘**	법 **법**				
百	千	萬	劫	難	遭	遇				
일백 **백**	일천 **천**	일만 **만**	겁 **겁**	어려울 **난**	만날 **조**	만날 **우**				
我	今	聞	見	得	受	持				
나 **아**	이제 **금**	들을 **문**	볼 **견**	얻을 **득**	받을 **수**	가질 **지**				
願	解	如	來	眞	實	意				
원할 **원**	풀 **해**	같을 **여**	올 **래**	참 **진**	열매 **실**	뜻 **의**				

경을 펼치기 전에 경을 찬미하는 게송

부처님의 법은 가장 높고 가장 깊고 가장 미묘해서
수억만 년의 세월이 흘러도 만나 뵙기 어렵습니다.
저는 이제 불법을 듣고 경전을 보고 간직하오니
원컨대 여래의 진실한 뜻 잘 알게 해 주십시오.

開	法	藏	眞	言					
열 개	법 법	곳집 장	참 진	말씀 언					

옴		아	라	남		아	라	다	·옴

·**옴**: 소리의 근원, 우주의 핵심　·**아라남**: 무쟁삼매　　　　　·**아라다**: 만족　　　　·**옴**: 소리의 근원, 우주의 핵심

아	라	남		아	라	다	·옴		아

·**아라남**: 무쟁삼매　　　　　·**아라다**: 만족　　　　　·**옴**: 소리의 근원, 우주의 핵심

라	남		아	라	다				

·**아라남**: 무쟁삼매　　　·**아라다**: 만족

千	手	千	眼	觀	自	在	菩	薩	廣	大
일천 천	손 수	일천 천	눈 안	볼 관	스스로 자	있을 재	보리 보	보살 살	넓을 광	큰 대
圓	滿	無	碍	大	悲	心	大	陀	羅	尼
둥글 원	찰 만	없을 무	거리낄 애	큰 대	슬플 비	마음 심	큰 대	비탈질 타(다)	그물 라	여승 니
啓	請									
열 계	청할 청									

진리의 법장을 여는 진언

『옴 아라남 아라다』(세번)

- 번뇌가 없는 편안한 마음으로 법열 속에서 만족합니다.

천수천안 관자재보살의

광대하고 원만하고 걸림 없는 대자비심의 위대한 다라니를 열기를 청합니다.

稽	首	觀	音	大	悲	呪			
상고할 계	머리 수	볼 관	소리 음	큰 대	슬플 비	빌 주			
願	力	弘	深	相	好	身			
원할 원	힘 력	클 홍	깊을 심	모양 상	좋을 호	몸 신			
千	臂	莊	嚴	普	護	持			
일천 천	팔 비	꾸밀 장	엄할 엄	넓을 보	도울 호	가질 지			
千	眼	光	明	遍	觀	照			
일천 천	눈 안	빛 광	밝을 명	두루 편(변)	볼 관	비칠 조			
眞	實	語	中	宣	密	語			
참 진	열매 실	말씀 어	가운데 중	베풀 선	비밀 밀	말씀 어			
無	爲	心	內	起	悲	心			
없을 무	할 위	마음 심	안 내	일어날 기	슬플 비	마음 심			
速	令	滿	足	諸	希	求			
빠를 속	하여금 령	찰 만	족할 족	모두 제	바랄 희	구할 구			

관세음보살의 대비주에 머리 숙여 귀의합니다.

관세음보살의 원력은 넓고 깊으며 그 모습 매우 원만하여

천 개의 팔로 장엄해서 널리 보호하고 감싸 주시며, 천 개의 눈으로 빛을 내어 두루 관찰하여 비추십니다.

진실한 말 가운데 비밀스럽고 불가사의한 말씀 베풀어

아무 조건 없는 마음 가운데 자비심을 일으키십니다.

중생들의 온갖 소원 하루속히 이뤄져서 만족하게 하시고

永	使	滅	除	諸	罪	業				
길 **영**	하여금 **사**	멸할 **멸**	덜 **제**	모두 **제**	허물 **죄**	업 **업**				
天	龍	衆	聖	同	慈	護				
하늘 **천**	용 **룡**	무리 **중**	성인 **성**	한가지 **동**	사랑 **자**	도울 **호**				
百	千	三	昧	頓	熏	修				
일백 **백**	일천 **천**	석 **삼**	어두울 **매**	갑자기 **돈**	불길 **훈**	닦을 **수**				
受	持	身	是	光	明	幢				
받을 **수**	가질 **지**	몸 **신**	이 **시**	빛 **광**	밝을 **명**	기 **당**				
受	持	心	是	神	通	藏				
받을 **수**	가질 **지**	마음 **심**	이 **시**	신통할 **신**	통할 **통**	곳집 **장**				
洗	滌	塵	勞	願	濟	海				
씻을 **세**	씻을 **척**	티끌 **진**	일할 **로**	원할 **원**	건널 **제**	바다 **해**				
超	證	菩	提	方	便	門				
뛰어넘을 **초**	증할 **증**	보리 **보**	끌 **제(리)**	처방 **방**	편할 **편**	문 **문**				

모든 죄의 업장들을 영원히 소멸시켜 없애 주십니다.

천룡과 모든 성인들이 함께 자비로써 보호하시고

백천 가지의 온갖 삼매를 한꺼번에 닦습니다.

이 법을 받아 지닌 저의 몸은 광명의 깃발이며

이 법을 받아 지닌 저의 마음은 신통의 창고와 같으니

온갖 번뇌를 씻어내고 원하는 바를 성취하여, 깨달음의 방편문을 한꺼번에 성취합니다.

我	今	稱	誦	誓	歸	依				
나 아	이제 금	일컬을 칭	외울 송	맹세할 서	돌아갈 귀	의지할 의				
所	願	從	心	悉	圓	滿				
바 소	원할 원	좇을 종	마음 심	다 실	둥글 원	찰 만				
南	無	大	悲	觀	世	音				
나무 나	없을 무	큰 대	슬플 비	볼 관	세상 세	소리 음				
願	我	速	知	一	切	法				
원할 원	나 아	빠를 속	알 지	한 일	온통 체	법 법				
南	無	大	悲	觀	世	音				
나무 나	없을 무	큰 대	슬플 비	볼 관	세상 세	소리 음				
願	我	早	得	智	慧	眼				
원할 원	나 아	이를 조	얻을 득	슬기 지	슬기로울 혜	눈 안				
南	無	大	悲	觀	世	音				
나무 나	없을 무	큰 대	슬플 비	볼 관	세상 세	소리 음				

제가 이제 관음의 대비주를 칭송하고 맹세코 귀의하오니

원하는 바가 자신의 뜻대로 원만히 이뤄집니다.

자비하신 관세음께 귀의하오니, 일체의 모든 법을 빨리 알게 해 주십시오.

자비하신 관세음께 귀의하오니, 지혜의 눈을 빨리 뜨게 해 주십시오.

자비하신 관세음께 귀의하오니,

願	我	速	度	一	切	衆				
원할 **원**	나 **아**	빠를 **속**	법도 **도**	한 **일**	온통 **체**	무리 **중**				
南	無	大	悲	觀	世	音				
나무 **나**	없을 **무**	큰 **대**	슬플 **비**	볼 **관**	세상 **세**	소리 **음**				
願	我	早	得	善	方	便				
원할 **원**	나 **아**	이를 **조**	얻을 **득**	착할 **선**	처방 **방**	편할 **편**				
南	無	大	悲	觀	世	音				
나무 **나**	없을 **무**	큰 **대**	슬플 **비**	볼 **관**	세상 **세**	소리 **음**				
願	我	速	乘	般	若	船				
원할 **원**	나 **아**	빠를 **속**	탈 **승**	일반 **반**	반야 **야**	배 **선**				
南	無	大	悲	觀	世	音				
나무 **나**	없을 **무**	큰 **대**	슬플 **비**	볼 **관**	세상 **세**	소리 **음**				
願	我	早	得	越	苦	海				
원할 **원**	나 **아**	이를 **조**	얻을 **득**	넘을 **월**	괴로울 **고**	바다 **해**				

모든 중생들을 빨리 제도하게 해 주십시오.

자비하신 관세음께 귀의하오니, 좋은 방편을 빨리 얻게 해 주십시오.

자비하신 관세음께 귀의하오니, 지혜의 배를 빨리 타게 해 주십시오.

자비하신 관세음께 귀의하오니, 괴로움의 바다를 빨리 건너게 해 주십시오.

南	無	大	悲	觀	世	音				
나무 나	없을 무	큰 대	슬플 비	볼 관	세상 세	소리 음				
願	我	速	得	戒	定	道				
원할 원	나 아	빠를 속	얻을 득	경계할 계	정할 정	길 도				
南	無	大	悲	觀	世	音				
나무 나	없을 무	큰 대	슬플 비	볼 관	세상 세	소리 음				
願	我	早	登	圓	寂	山				
원할 원	나 아	이를 조	오를 등	둥글 원	고요할 적	뫼 산				
南	無	大	悲	觀	世	音				
나무 나	없을 무	큰 대	슬플 비	볼 관	세상 세	소리 음				
願	我	速	會	無	爲	舍				
원할 원	나 아	빠를 속	모일 회	없을 무	할 위	집 사				
南	無	大	悲	觀	世	音				
나무 나	없을 무	큰 대	슬플 비	볼 관	세상 세	소리 음				

자비하신 관세음께 귀의하오니, 계정의 길을 빨리 가게 해 주십시오.

자비하신 관세음께 귀의하오니, 열반의 자리에 빨리 오르게 해 주십시오.

자비하신 관세음께 귀의하오니, 무위의 집에 빨리 모이게 해 주십시오.

자비하신 관세음께 귀의하오니, 법성의 몸과 같게 해 주십시오.

願	我	早	同	法	性	身				
원할 원	나 아	이를 조	한가지 동	법 법	성품 성	몸 신				
我	若	向	刀	山		刀	山	自	摧	折
나 아	만약 약	향할 향	칼 도	뫼 산		칼 도	뫼 산	스스로 자	꺾을 최	꺾을 절
我	若	向	火	湯		火	湯	自	消	滅
나 아	만약 약	향할 향	불 화	끓일 탕		불 화	끓일 탕	스스로 자	사라질 소	멸할 멸
我	若	向	地	獄		地	獄	自	枯	渴
나 아	만약 약	향할 향	땅 지	옥 옥		땅 지	옥 옥	스스로 자	마를 고	목마를 갈
我	若	向	餓	鬼		餓	鬼	自	飽	滿
나 아	만약 약	향할 향	주릴 아	귀신 귀		주릴 아	귀신 귀	스스로 자	배부를 포	찰 만
我	若	向	修	羅		惡	心	自	調	伏
나 아	만약 약	향할 향	닦을 수	그물 라		악할 악	마음 심	스스로 자	고를 조	엎드릴 복
我	若	向	畜	生			自	得	大	智	慧
나 아	만약 약	향할 향	짐승 축	날 생			스스로 자	얻을 득	큰 대	슬기 지	슬기로울 혜

제가 만약 칼산을 향해 가면, 칼산이 저절로 무너져 버리고
제가 만약 화탕지옥을 향해 가면, 화탕이 저절로 소멸되고
제가 만약 지옥을 향해 가면, 지옥이 저절로 말라서 없어지고
제가 만약 아귀 있는 곳을 향해 가면, 아귀가 저절로 배가 불러지고
제가 만약 아수라의 세계를 향해 가면, 악한 마음이 저절로 항복받게 되고
제가 만약 축생의 세계를 향해 가면, 축생 스스로 큰 지혜를 얻게 됩니다.

南	無	觀	世	音	菩	薩	摩	訶	薩	
나무 **나**	없을 **무**	볼 **관**	세상 **세**	소리 **음**	보리 **보**	보살 **살**	갈 **마**	꾸짖을 **하**	보살 **살**	
南	無	大	勢	至	菩	薩	摩	訶	薩	
나무 **나**	없을 **무**	큰 **대**	형세 **세**	이를 **지**	보리 **보**	보살 **살**	갈 **마**	꾸짖을 **하**	보살 **살**	
南	無	千	手	菩	薩	摩	訶	薩		
나무 **나**	없을 **무**	일천 **천**	손 **수**	보리 **보**	보살 **살**	갈 **마**	꾸짖을 **하**	보살 **살**		
南	無	如	意	輪	菩	薩	摩	訶	薩	
나무 **나**	없을 **무**	같을 **여**	뜻 **의**	바퀴 **륜**	보리 **보**	보살 **살**	갈 **마**	꾸짖을 **하**	보살 **살**	
南	無	大	輪	菩	薩	摩	訶	薩		
나무 **나**	없을 **무**	큰 **대**	바퀴 **륜**	보리 **보**	보살 **살**	갈 **마**	꾸짖을 **하**	보살 **살**		
南	無	觀	自	在	菩	薩	摩	訶	薩	
나무 **나**	없을 **무**	볼 **관**	스스로 **자**	있을 **재**	보리 **보**	보살 **살**	갈 **마**	꾸짖을 **하**	보살 **살**	
南	無	正	趣	菩	薩	摩	訶	薩		
나무 **나**	없을 **무**	바를 **정**	갈래 **취**	보리 **보**	보살 **살**	갈 **마**	꾸짖을 **하**	보살 **살**		

관세음보살마하살께 귀의합니다. 대세지보살마하살께 귀의합니다.

천수보살마하살께 귀의합니다. 여의륜보살마하살께 귀의합니다.

대륜보살마하살께 귀의합니다. 관자재보살마하살께 귀의합니다.

정취보살마하살께 귀의합니다.

南	無	滿	月	菩	薩	摩	訶	薩		
나무 **나**	없을 **무**	찰 **만**	달 **월**	보리 **보**	보살 **살**	갈 **마**	꾸짖을 **하**	보살 **살**		

南	無	水	月	菩	薩	摩	訶	薩		
나무 **나**	없을 **무**	물 **수**	달 **월**	보리 **보**	보살 **살**	갈 **마**	꾸짖을 **하**	보살 **살**		

南	無	軍	茶	利	菩	薩	摩	訶	薩	
나무 **나**	없을 **무**	군사 **군**	차 **다**	이로울 **리**	보리 **보**	보살 **살**	갈 **마**	꾸짖을 **하**	보살 **살**	

南	無	十	一	面	菩	薩	摩	訶	薩	
나무 **나**	없을 **무**	열 **십**	한 **일**	낮 **면**	보리 **보**	보살 **살**	갈 **마**	꾸짖을 **하**	보살 **살**	

南	無	諸	大	菩	薩	摩	訶	薩		
나무 **나**	없을 **무**	모두 **제**	큰 **대**	보리 **보**	보살 **살**	갈 **마**	꾸짖을 **하**	보살 **살**		

南	無	本	師	阿	彌	陀	佛			
나무 **나**	없을 **무**	근본 **본**	스승 **사**	언덕 **아**	두루 **미**	비탈질 **타**	부처 **불**			

南	無	本	師	阿	彌	陀	佛			
나무 **나**	없을 **무**	근본 **본**	스승 **사**	언덕 **아**	두루 **미**	비탈질 **타**	부처 **불**			

만월보살마하살께 귀의합니다. 수월보살마하살께 귀의합니다.

군다리보살마하살께 귀의합니다. 십일면보살마하살께 귀의합니다.

제대보살마하살께 귀의합니다.

『본사아미타불께 귀의합니다』(세번)

南	無	本	師	阿	彌	陀	佛		
나무 나	없을 무	근본 본	스승 사	언덕 아	두루 미	비탈질 타	부처 불		
神	妙	章	句	大	陀	羅	尼		
신통할 신	묘할 묘	글 장	글귀 구	큰 대	비탈질 타(다)	그물 라	여승 니		

나	모	라		다	나	다	라		야	야

· **나모** : 귀의하여 받든다 · **라다나** : 보배   · **다라야** : 삼(三)   · **야** : ~에게

나	막	알	약		바	로	기	제		새

· **나막** : 귀의하여 받든다 · **알약** : 성스럽다   · **바로기제새바라** : 관자재 ; 관세음보살의 다른 이름

바	라	야		모	지		사	다	바	야

                          · **야** : ~에게   · **모지** : 보리   · **사다바** : 살타 [보리살타]   · **야** : ~에게

마	하		사	다	바	야		마	하	가

· **마하** : 크다, 대(大)   · **사다바** : 보살   · **야** : ~에게   · **마하** : 크다, 대(大)

로		니	가	야		옴		살	바	

· **가로니가** : 까로니까 ; 비(悲) [대비(大悲)]   · **야** : ~에게   · **옴** : 우주의 소리   · **살바** : 일체

신묘하고 불가사의한 큰 다라니

삼보께 귀의합니다.

성스러운 관자재보살 마하살 대비존께 귀의합니다.

바	예	수	다	라	나	가	라	야

· **바예수** : 두려움들에서　　　　　· **다라나** : 구제, 구도　　　　　· **가라야** : 행위하다 [구제하는]

다	사	명	나	막	까	리	다	바

· **다사명** : 그런 까닭에　　　　　· **나막** : 귀의하여 받든다　· **까리다바** : 어지신 분

이	맘	알	야	바	로	기	제	새

· **이맘** : 이, 이를　　· **알야** : 성스럽다　　　· **바로기제새바라** : 관자재보살

바	라	다	바	니	라	간	타

　　　　　· **다바** : 찬탄하다　　　　· **니라** : 푸른　　　· **간타** : 목 [청경(靑頸)]

나	막	하	리	나	야	마	발	다

· **나막** : ~라고 이름하는　· **하리나야** : 마음, 심수, 진언　　　· **마발다 이사미** : 암송하겠다, 반복하겠다

이	사	미	살	발	타	사	다	남

　　　　· **살발타** : 살바르타(**살바** : 일체, **르타** : 목적, 이익)　· **사다남** : 완성, 성취

수	반	아	예	염	살	바	보

· **수반** : 길상, 훌륭한　　· **아예염** : 불가승, 이길 수 없는　　· **살바** : 일체　　· **보다남** : 존재

모든 두려움에서 구제해 주시는 저 어진 관세음보살께 귀의하고
이 성스러운 관자재보살을 찬탄합니다.
청경존의 그 마음과 모든 목적을 성취하고 모든 존재들의 삶의 길을 청정하게 하시는
그 마음을 노래합니다.

| 다 | 남 | | 바 | 바 | 말 | 아 | | 미 | 수 | 다 |

· **바바말아** : 탄생하다, 존재하다, 삶의 길　　　　　　　· **미수다감** : 정화, 청정

| 감 | | 다 | 냐 | 타 | | 옴 | | 아 | 로 | 게 |

· **다냐타** : 그것은 다음과 같다　　　　· **옴** : 극찬의 의미　　**아로게** : 광명, 명조(明照), 안목, 봄

| 아 | 로 | 가 | | 마 | 지 | 로 | 가 | | 지 | 가 |

· **아로가** : 광명, 명조(明照), 안목, 봄　　· **마지** : 지혜　　· **로가** : 로까 ; 세간, 세계　　· **지가란제** : 초월하다

| 란 | 제 | | 혜 | 혜 | 하 | 례 | | 마 | 하 | 모 |

· **혜혜** : 감탄사 '오!'　　· **하례** : 신의 이름 ; 관세음보살　　· **마하** : 크다, 대(大)

| 지 | | 사 | 다 | 바 | | 사 | 마 | 라 | | 사 |

· **모지 사다바** : 보리살타 ; 보살　　　　　　　　· **사마라** : 기억하다, 억념하다

| 마 | 라 | | 하 | 리 | 나 | 야 | | 구 | 로 | 구 |

· **사마라** : 기억하다, 억념하다　　· **하리나야** : 마음의 진언, 심수　　　　· **구로** : 작위, 시행, 행위

| 로 | | 갈 | 마 | | 사 | 다 | 야 | | 사 | 다 |

· **구로** : 작위, 시행, 행위　· **갈마** : 카르마 ; 업, 작용, 행위　· **사다야** : 성취하다　　　　　　· **사다야** : 성취하다

옴! 광명존이시여, 광명의 지혜존이시여, 세간을 초월하신 존(尊)이시여,

오! 님이시여, 위대한 보살이시여!

마음의 진언을 억념하옵소서, 억념하옵소서. 작업을 실행하소서, 실행하소서.

성취케 하소서, 성취케 하소서.

야		도	로	도	로		미	연	제

· **도로** : 승리하다   · **도로** : 승리하다   · **미연제** : 승리한 님이시여

마	하		미	연	제		다	라	다	라

· **마하 미연제** : 위대한 승리자   · **다라** : 수지, 보존   · **다라** : 수지, 보존

다	린		나	례		새	바	라		자

· **다린 나례 새바라** : 지닌다의 '다라'와 번개를 뜻하는 '인드라'와 절대자를 뜻하는 '이슈바라'가 합해진 말   · **자라** : 발동, 행동

라	자	라		마	라	미	마	라		아

· **자라** : 발동, 행동   · **마라** : 때, 더러움   · **미** : 부정의 뜻 · **마라** : 때, 더러움   · **아** : 부정의 뜻

마	라		몰	제		예	혜	혜		로

· **마라** : 때, 더러움   · **몰제** : 훌륭한 모습   · **예혜혜** : 예히예히 ; 강림하다, 오다

계		새	바	라		라	아	미	사	미

· **로계** : 세간, 세계   · **새바라** : 주인   · **라아** : 탐심   · **미사** : 독

나	사	야		나	베		사	미	사	미

· **미나사야** : 멸망, 소멸   · **나베사** : 성내는 마음   · **미사** : 독

승리하고 또 승리하소서, 위대한 승리자시여!

지켜 주소서, 번개를 지니신 절대자시여,

발동하소서, 더러움을 떠난 님이시여, 티없이 깨끗한 원만상존이시여, 강림하소서, 강림하소서.

세간의 주인이신 자재존이시여, 탐욕의 독을 소멸케 하소서, 성냄의 독을 소멸케 하소서,

나	사	야		모	하	자	라		미	사

· **미나사야** : 소멸, 멸망   · **모하** : 어리석은 마음 · **자라** : 동요 ; 어리석음에 의한 행동 · **미사** : 독

미		나	사	야		호	로	호	로

· **미나사야** : 소멸, 멸망   · **호로** : 감탄사 '아!'   · **호로** : 감탄사 '아!'

마	라	호	로		하	례		바	나	마

· **마라** : 님   · **호로** : 감탄사 '아!'   · **하례** : 신의 이름   · **바나마** : 연꽃

나	바		사	라	사	라		시	리	시

· **나바** : 마음, 중심, 중앙   · **사라사라** : 물이 흐르는 모습을 나타낸 의태어   · **시리시리** : 물이 흐르는 모습을 나타낸 의태어

리		소	로	소	로		못	쟈	못	쟈

· **소로소로** : 물이 흐르는 모습을 나타낸 의태어   · **못쟈** : 붓다, 깨달음   · **못쟈** : 붓다, 깨달음

모	다	야		모	다	야		매	다	리

· **모다야** : 보다야 ; 보리   · **모다야** : 보다야 ; 보리   · **매다리야** : 미륵보살의 이름 '마이트리야' ; 자비로운

야		니	라	간	타		가	마	사

· **니라간타** : 청정관음   · **가마사** : 욕망의, 원망(願望)의

어리석음의 독을 소멸케 하소서, 어서 빨리 가져가십시오.

아, 님이시여, 아! 연꽃의 마음을 간직한 이여, 감로법수를 흐르게 하소서, 흐르게 하소서.

감로의 지혜 광명을 흐르게 하소서, 흐르게 하소서.

감로의 덕을 흐르게 하소서, 흐르게 하소서.

깨닫게 하소서, 깨닫게 하소서.

자비심 깊으신 청정관음존이시여,

| 날 | 사 | 남 | | 바 | 라 | 하 | 라 | 나 | 야 |

·날사남 : 부수다, 파괴하다　　　　　**·바라하라나야** : 악마왕 아들의 이름 ; 악마를 따르지 않고 정법을 따른 자

| 마 | 낙 | | 사 | 바 | 하 | | 싯 | 다 | 야 |

·마낙 : 마음　　　　**·사바하** : 성취, 원만, 구경　　　　**·싯다야** : 성취

| 사 | 바 | 하 | | 마 | 하 | 싯 | 다 | 야 | | 사 |

·사바하 : 성취, 원만, 구경　　　　**·마하** : 크다, 대(大)　　**·싯다야** : 성취

| 바 | 하 | | 싯 | 다 | 유 | 예 | | 새 | 바 | 라 |

·사바하 : 성취, 원만, 구경　　　**·싯다** : 성취　　　**·유예** : 요가　　　　**·새바라야** : 자재(自在)

| 야 | | 사 | 바 | 하 | | 니 | 라 | 간 | 타 | 야 |

·사바하 : 성취, 원만, 구경　　　　**·니라간타** : 청경관음　　　　**·야** : ~에게

| 사 | 바 | 하 | | 바 | 라 | 하 | | 목 | 카 | 싱 |

·사바하 : 성취, 원만, 구경　　　　**·바라하** : 산돼지　　　　**·목카** : 얼굴　　**·싱하** : 사자

| 하 | | 목 | 카 | 야 | | 사 | 바 | 하 | | 바 |

·목카 : 얼굴　　　**·야** : ~에게　　　**·사바하** : 성취, 원만, 구경

욕망을 부숴 버린 님의 마음을 위하여,

성취하신 분을 위하여,

위대한 성취존을 위하여,

요가를 성취하신 자재존을 위하여,

청경관음존을 위하여,

산돼지 얼굴, 사자 얼굴을 한 관세음보살을 위하여,

나 마 　 하 따 야 　 사 바 하

· **바나마** : 연꽃 　 · **하따야** : 잡다 　 · **사바하** : 성취, 원만, 구경

자 가 라 　 욕 다 야 　 사 바 하

· **자가라** : 크고 둥근 바퀴 　 · **욕다야** : 지니다 　 · **사바하** : 성취, 원만, 구경

상 카 섭 나 녜 　 모 다 나 야

· **상카 섭나** : 법(法) 소라 나팔 소리 　 · **녜모다나야** : 깨어나다

사 바 하 　 마 하 라 　 구 타 다

· **사바하** : 성취, 원만, 구경 　 · **마하** : 크다, 대(大) 　 · **라구타** : 곤봉, 금강저

라 야 　 사 바 하 　 바 마 사 간

· **다라야** : 가지다 　 · **사바하** : 성취, 원만, 구경 　 · **바마** : 왼쪽 　 · **사간타** : 어깨

타 　 이 사 시 체 다 　 가 릿 나

· **이사** : 곳, 장소 　 · **시체다** : 굳게 지키다 　 · **가릿나** : 흑색 신승존(身勝尊) ; 힌두신화의 크리슈나

이 나 야 　 사 바 하 　 먀 가 라

· **이나야** : 승리자 　 · **사바하** : 성취, 원만, 구경 　 · **먀가라** : 호랑이

　　연꽃을 손에 잡으신 관음존을 위하여,

　　큰 바퀴를 지니신 관음존을 위하여,

　　법 소라 나팔 소리로 깨어난 관세음보살을 위하여,

　　위대한 금강저를 가지신 관음존을 위하여,

　　왼쪽 어깨 쪽을 굳게 지키는 흑색의 승리자이신 관음존을 위하여,

잘 마 　 이 바 사 나 야 　 사 바

· **잘마** : 가죽　　　· **이바사나야** : 머물다　　　· **사바하** : 성취, 원만, 구경

하 　 나 모 라 　 다 나 다 라

· **나모** : 귀의하여 받든다　· **라다나** : 보배　　　· **다라야** : 삼(三)

야 야 　 나 막 알 야 　 바 로 기

· **야** : ~에게　　· **나막** : 귀의하여 받든다　· **알야** : 성스럽다　　　· **바로기제새바라** : 관자재보살

제 　 새 바 라 야 　 사 바 하 ·

· **야** : ~에게　　· **사바하** : 성취, 원만, 구경

나 모 라 　 다 나 다 라 　 야 야

· **나모** : 귀의하여 받든다　· **라다나** : 보배　　　· **다라야** : 삼(三)　　　· **야** : ~에게

나 막 알 야 　 바 로 기 제 새

· **나막** : 귀의하여 받든다　· **알야** : 성스럽다　　　· **바로기제새바라** : 관자재보살

바 라 야 　 사 바 하 · 나 모 라

· **야** : ~에게　　· **사바하** : 성취, 원만, 구경　　　· **나모** : 귀의하여 받든다

호랑이 가죽 위에 머물러 있는 관음존을 위하여.

삼보께 귀의합니다.

성스러운 관자재보살에게 귀의합니다.

다 나 다 라 야 야　나 막 알

- **라다나** : 보배　· **다라야** : 삼(三)　　　　**야** : ~에게　　**나막** : 귀의하여 받든다

야　바 로 기 제　새 바 라 야

- **알야** : 성스럽다　· **바로기제새바라** : 관자재보살　　　　　**야** : ~에게

사 바 하

- **사바하** : 성취, 원만, 구경

四	方	讚
넉 **사**	방위 **방**	기릴 **찬**

一	灑	東	方	潔	道	場
한 **일**	뿌릴 **쇄**	동녘 **동**	방위 **방**	깨끗할 **결**	길 **도**	마당 **장(량)**

二	灑	南	方	得	淸	凉
두 **이**	뿌릴 **쇄**	남녘 **남**	방위 **방**	얻을 **득**	맑을 **청**	서늘할 **량**

三	灑	西	方	俱	淨	土
석 **삼**	뿌릴 **쇄**	서녘 **서**	방위 **방**	갖출 **구**	깨끗할 **정**	흙 **토**

사방을 찬탄함

첫째로 동쪽을 향해 물을 뿌리면 도량이 밝아지고
둘째로 남쪽을 향해 물을 뿌리면 시원함을 얻으며
셋째로 서쪽을 향해 물을 뿌리면 정토를 구족하고

四	灑	北	方	永	安	康			
넉 사	뿌릴 쇄	북녘 북	방위 방	길 영	편안 안	편안 강			
道	場	讚							
길 도	마당 장(량)	기릴 찬							
道	場	清	淨	無	瑕	穢			
길 도	마당 장(량)	맑을 청	깨끗할 정	없을 무	허물 하	더러울 예			
三	寶	天	龍	降	此	地			
석 삼	보배 보	하늘 천	용 룡	내릴 강	이 차	땅 지			
我	今	持	誦	妙	眞	言			
나 아	이제 금	가질 지	외울 송	묘할 묘	참 진	말씀 언			
願	賜	慈	悲	密	加	護			
원할 원	줄 사	사랑 자	슬플 비	비밀 밀	더할 가	도울 호			
懺	悔	偈							
뉘우칠 참	뉘우칠 회	쉴 게							

넷째로 북쪽을 향해 물을 뿌리면 영원한 편안함을 얻습니다.

도량을 찬탄함

도량이 깨끗해져서 티끌과 더러움이 없으니, 불법승 삼보와 천룡팔부가 이 땅에 내려옵니다.

제가 이제 묘한 진언 받아 외우오니, 원컨대 자비를 내려서 은밀하고 비밀스럽게 지켜 주십시오.

참회하는 게송

我	昔	所	造	諸	惡	業				
나 아	예 석	바 소	지을 조	모두 제	악할 악	업 업				
皆	由	無	始	貪	瞋	癡				
다 개	말미암을 유	없을 무	비로소 시	탐낼 탐	성낼 진	어리석을 치				
從	身	口	意	之	所	生				
좇을 종	몸 신	입 구	뜻 의	어조사 지	바 소	날 생				
一	切	我	今	皆	懺	悔				
한 일	온통 체	나 아	이제 금	다 개	뉘우칠 참	뉘우칠 회				
懺	除	業	障	十	二	尊	佛			
뉘우칠 참	덜 제	업 업	막을 장	열 십	두 이	높을 존	부처 불			
南	無	懺	除	業	障	寶	勝	藏	佛	
나무 나	없을 무	뉘우칠 참	덜 제	업 업	가로막을 장	보배 보	수승할 승	감출 장	부처 불	
寶	光	王	火	燄	照	佛				
보배 보	빛 광	임금 왕	불 화	불꽃 염	비칠 조	부처 불				

제가 먼 옛날부터 지은 모든 악업들, 오랜 옛적부터 익혀 온 탐진치 삼독을 말미암아 일어납니다.

몸과 말과 뜻의 삼업으로 인해서 지었으니, 모든 것들을 저는 이제 참회합니다.

업장 참회를 증명하는 열두 부처님

참제업장보승장불께 참회합니다.

보광왕화염조불께 참회합니다.

一	切	香	華	自	在	力	王	佛		
한 **일**	온통 **체**	향기 **향**	빛날 **화**	스스로 **자**	있을 **재**	힘 **력**	임금 **왕**	부처 **불**		
百	億	恒	河	沙	決	定	佛			
일백 **백**	억 **억**	항상 **항**	물 **하**	모래 **사**	결단할 **결**	정할 **정**	부처 **불**			
振	威	德	佛							
떨칠 **진**	위엄 **위**	덕 **덕**	부처 **불**							
金	剛	堅	强	消	伏	壞	散	佛		
쇠 **금**	굳셀 **강**	굳을 **견**	강할 **강**	사라질 **소**	엎드릴 **복**	무너질 **괴**	흩을 **산**	부처 **불**		
普	光	月	殿	妙	音	尊	王	佛		
넓을 **보**	빛 **광**	달 **월**	전각 **전**	묘할 **묘**	소리 **음**	높을 **존**	임금 **왕**	부처 **불**		
歡	喜	藏	摩	尼	寶	積	佛			
기쁠 **환**	기쁠 **희**	감출 **장**	갈 **마**	여승 **니**	보배 **보**	쌓을 **적**	부처 **불**			
無	盡	香	勝	王	佛					
없을 **무**	다할 **진**	향기 **향**	수승할 **승**	임금 **왕**	부처 **불**					

일체향화자재력왕불께 참회합니다. 백억항하사결정불께 참회합니다.

진위덕불께 참회합니다. 금강견강소복괴산불께 참회합니다.

보광월전묘음존왕불께 참회합니다. 환희장마니보적불께 참회합니다.

무진향승왕불께 참회합니다.

獅	子	月	佛						
사자 사	아들 자	달 월	부처 불						

歡	喜	莊	嚴	珠	王	佛			
기쁠 환	기쁠 희	꾸밀 장	엄할 엄	구슬 주	임금 왕	부처 불			

帝	寶	幢	摩	尼	勝	光	佛		
임금 제	보배 보	기 당	갈 마	여승 니	수승할 승	빛 광	부처 불		

十	惡	懺	悔						
열 십	악할 악	뉘우칠 참	뉘우칠 회						

殺	生	重	罪	今	日	懺	悔		
죽일 살	날 생	무거울 중	허물 죄	이제 금	날 일	뉘우칠 참	뉘우칠 회		

偷	盜	重	罪	今	日	懺	悔		
훔칠 투	도둑 도	무거울 중	허물 죄	이제 금	날 일	뉘우칠 참	뉘우칠 회		

邪	淫	重	罪	今	日	懺	悔		
간사할 사	음란할 음	무거울 중	허물 죄	이제 금	날 일	뉘우칠 참	뉘우칠 회		

사자월불께 참회합니다. 환희장엄주왕불께 참회합니다.

제보당마니승광불께 참회합니다.

열 가지 악업을 참회함

살생으로 지은 무거운 죄 오늘 모두 참회합니다.

도둑질로 지은 무거운 죄 오늘 모두 참회합니다.

삿된 음행의 무거운 죄 오늘 모두 참회합니다.

妄	語	重	罪	今	日	懺	悔			
망령될 **망**	말씀 **어**	무거울 **중**	허물 **죄**	이제 **금**	날 **일**	뉘우칠 **참**	뉘우칠 **회**			
綺	語	重	罪	今	日	懺	悔			
비단 **기**	말씀 **어**	무거울 **중**	허물 **죄**	이제 **금**	날 **일**	뉘우칠 **참**	뉘우칠 **회**			
兩	舌	重	罪	今	日	懺	悔			
두 **양**	혀 **설**	무거울 **중**	허물 **죄**	이제 **금**	날 **일**	뉘우칠 **참**	뉘우칠 **회**			
惡	口	重	罪	今	日	懺	悔			
악할 **악**	입 **구**	무거울 **중**	허물 **죄**	이제 **금**	날 **일**	뉘우칠 **참**	뉘우칠 **회**			
貪	愛	重	罪	今	日	懺	悔			
탐낼 **탐**	사랑 **애**	무거울 **중**	허물 **죄**	이제 **금**	날 **일**	뉘우칠 **참**	뉘우칠 **회**			
瞋	恚	重	罪	今	日	懺	悔			
성낼 **진**	성낼 **에**	무거울 **중**	허물 **죄**	이제 **금**	날 **일**	뉘우칠 **참**	뉘우칠 **회**			
癡	暗	重	罪	今	日	懺	悔			
어리석을 **치**	어두울 **암**	무거울 **중**	허물 **죄**	이제 **금**	날 **일**	뉘우칠 **참**	뉘우칠 **회**			

망령된 말로써 지은 무거운 죄 오늘 모두 참회합니다.

비단결 같은 말로써 지은 무거운 죄 오늘 모두 참회합니다.

두 가지 말로써 지은 무거운 죄 오늘 모두 참회합니다.

악담으로 지은 무거운 죄 오늘 모두 참회합니다.

탐욕으로 인해 지은 무거운 죄 오늘 모두 참회합니다.

성냄으로 인해 지은 무거운 죄 오늘 모두 참회합니다. 어리석음으로 인해 지은 무거운 죄 오늘 모두 참회합니다.

百	劫	積	集	罪		一	念	頓	蕩	除
일백 백	겁 겁	쌓을 적	모을 집	허물 죄		한 일	생각 념	갑자기 돈	방탕할 탕	덜 제
如	火	焚	枯	草		滅	盡	無	有	餘
같을 여	불 화	불사를 분	마를 고	풀 초		멸할 멸	다할 진	없을 무	있을 유	남을 여
罪	無	自	性	從	心	起				
허물 죄	없을 무	스스로 자	성품 성	좇을 종	마음 심	일어날 기				
心	若	滅	時	罪	亦	亡				
마음 심	만약 약	멸할 멸	때 시	허물 죄	또 역	망할 망				
罪	亡	心	滅	兩	俱	空				
허물 죄	망할 망	마음 심	멸할 멸	두 양	함께 구	빌 공				
是	則	名	爲	眞	懺	悔				
이 시	곧 즉	이름 명	할 위	참 진	뉘우칠 참	뉘우칠 회				
懺	悔	眞	言							
뉘우칠 참	뉘우칠 회	참 진	말씀 언							

백겁 동안 쌓인 죄업 한순간에 모두 없어져서,

마른풀이 불에 타듯 남김없이 소멸되게 해 주십시오.

죄는 본래 실체가 없는데 마음 좇아 일어난 것이므로,

마음이 소멸되면 죄 또한 없어집니다.

마음이 없어지고 죄도 없어져서 두 가지가 함께 텅 비게 되면, 이것이야말로 참된 참회라 하겠습니다.

죄업을 참회하는 진언

옴	살	바	못	자		모	지

·**옴** : 우주의 핵심, 항복, 조복　·**살바** : 일체　　　·**못자** : 붓다　　　·**모지** : 보리

사	다	야		사	바	하	·	옴		살

·**사다** : 살타　　·**야** : ~에게　　·**사바하** : 구경, 원만, 성취, 맡기다, 귀의하다　·**옴** : 우주의 핵심, 항복, 조복

바		못	자		모	지		사	다	야

·**살바** : 일체　　　·**못자** : 붓다　　　·**모지** : 보리　　　·**사다** : 살타　　·**야** : ~에게

사	바	하	·	옴		살	바		못	자

·**사바하** : 구경, 원만, 성취, 맡기다, 귀의하다　·**옴** : 우주의 핵심, 항복, 조복　·**살바** : 일체　　　·**못자** : 붓다

모	지		사	다	야		사	바	하

·**모지** : 보리　　　·**사다** : 살타　　·**야** : ~에게　　·**사바하** : 구경, 원만, 성취, 맡기다, 귀의하다

准	提	功	德	聚		寂	靜	心	常	誦
준할 **준**	끌 **제**	공 **공**	덕 **덕**	모을 **취**		고요할 **적**	고요할 **정**	마음 **심**	항상 **상**	외울 **송**
一	切	諸	大	難		無	能	侵	是	人
한 **일**	온통 **체**	모두 **제**	큰 **대**	어려울 **난**		없을 **무**	능할 **능**	침노할 **침**	이 **시**	사람 **인**

『옴 살바 못자 모지 사다야 사바하』(세번)

- 일체의 불보살님께 귀의합니다.

준제진언의 큰 공덕을 고요한 마음으로 항상 외우면

일체의 모든 어려움이 침범하지 못하리니

天	上	及	人	間		受	福	如	佛	等
하늘 천	위 상	및 급	사람 인	사이 간		받을 수	복 복	같을 여	부처 불	같을 등
遇	此	如	意	珠		定	獲	無	等	等
만날 우	이 차	같을 여	뜻 의	구슬 주		정할 정	얻을 획	없을 무	같을 등	같을 등
南	無	七	俱	胝	佛	母	大	准	提	菩
나무 나	없을 무	일곱 칠	갖출 구	굳은살 지	부처 불	어머니 모	큰 대	준할 준	끌 제	보리 보
薩	·	南	無	七	俱	胝	佛	母	大	准
보살 살		나무 나	없을 무	일곱 칠	갖출 구	굳은살 지	부처 불	어머니 모	큰 대	준할 준
提	菩	薩	·	南	無	七	俱	胝	佛	母
끌 제	보리 보	보살 살		나무 나	없을 무	일곱 칠	갖출 구	굳은살 지	부처 불	어머니 모
大	准	提	菩	薩						
큰 대	준할 준	끌 제	보리 보	보살 살						
淨	法	界	眞	言						
깨끗할 정	법 법	경계 계	참 진	말씀 언						

천상이나 보통의 사람이나 부처님처럼 똑같이 복 받으며

이 여의주를 만나면 결정코 깨달음을 얻을 것입니다.

『나무칠구지불모대준제보살』(세번)

- 칠억 부처님의 어머니인 대준제보살께 귀의합니다.

법계를 깨끗이 하는 진언

옴	남	·	옴	남	·	옴	남

·**옴**:우주의 핵심, 항복, 조복 ·**남**:람;화대(火大)의종자 ·**옴**:우주의 핵심, 항복, 조복 ·**남**:람;화대(火大)의종자 ·**옴**:우주의 핵심, 항복, 조복 ·**남**:람;화대(火大)의종자

護	身	眞	言				
도울 **호**	몸 **신**	참 **진**	말씀 **언**				

옴	치	림	·	옴	치	림	·	옴

·**옴** : 우주의 핵심, 항복, 조복 ·**치림** : 쓰림 ; 묘길상의 종자　·**옴** : 우주의 핵심, 항복, 조복 ·**치림** : 쓰림 ; 묘길상의 종자 ·**옴** : 우주의 핵심, 항복, 조복

치	림						

· **치림** : 쓰림 ; 묘길상의 종자

觀	世	音	菩	薩	本	心	微	妙	六	字
볼 **관**	세상 **세**	소리 **음**	보리 **보**	보살 **살**	근본 **본**	마음 **심**	작을 **미**	묘할 **묘**	여섯 **육**	글자 **자**

大	明	王	眞	言						
큰 **대**	밝을 **명**	임금 **왕**	참 **진**	말씀 **언**						

옴		마	니		반	메		훔		

·**옴** : 우주의 소리, 마음, 불성 ·**마니** : 마니구슬　　　　　·**반메** : 빠드메 ; 연꽃　　　·**훔** : 이구청정(離垢淸淨)

『옴 남』(세번) - 지혜의 불이 모든 망상을 태워 버리고 깨달음의 문에 들게 합니다.

몸을 보호하는 진언

『옴 치림』(세번) - 일체 묘길상의 종자여, 모든 좋은 일이 자신으로부터 나옵니다.

관세음보살의 본래 마음의 미묘한 여섯 자로 된 크고 밝은 왕의 진언

『옴 마니 반메 훔』(세번)

oṃ　　　ma　ni　　　pa　dme　　　hūṃ

옴　　　마　니　　　반　메　　　훔

· **옴** : 우주의 소리, 마음, 불성　· **마니** : 마니구슬　　　· **반메** : 빠드메 ; 연꽃　　　· **훔** : 이구청정(離后淸爭)

准　提　眞　言

준할 **준**　끌 **제**　참 **진**　말씀 **언**

나　무　　　사　다　남　　　삼　먁　삼　못

· **나무** : 귀의하다　　· **사다** : 일곱, 칠　· **남** : 복수의 뜻　　· **삼먁삼** : 정등(正等)　　· **못다** : 붓다

다　　　구　치　남　　　다　냐　타　　　옴

· **구치** : 천만억, 억　· **남** : 복수의 뜻　· **다냐타** : 곧 설해 가로되　· **옴** : 우주의 소리

자　례　　　주　례　　　준　제　　　사　바

· **자례** : 유행존(遊行尊)　　· **주례** : 정계존(頂髻尊)　　· **준제** : 묘의 청정존이시여　　· **사바하** : 원만, 성취

하　　　부　림　·　나　무　　　사　다　남

· **부림** : 정륜왕의 종자　　· **나무** : 귀의하다　　· **사다** : 일곱, 칠　· **남** : 복수의 뜻

준제보살의 진언

『나무 사다남 삼먁삼못다 구치남 다냐타 옴 자례 주례 준제 사바하 부림』(세번)

- 칠억 부처님께 귀의합니다.

　움직이고 흘러다니는 분이시여, 정계존이시여, 묘의 청정존이시여, 성취하십시오.

삼	먁	삼	못	다		구	치	남		다

·**삼먁삼** : 정등(正等)　　　　·**못다** : 붓다　　　　　　　　·**구치** : 천만억, 억　　·**남** : 복수의 뜻

냐	타			옴		자	례		주	례

·**다냐타** : 곧 설해 가로되　　　·**옴** : 우주의 소리　　·**자례** : 유행존(遊行尊)　　　　·**주례** : 정계존(頂髻尊)

준	제			사	바	하		부	림 ·	나

·**준제** : 묘의 청정존이시여　　　·**사바하** : 원만, 성취　　　　　·**부림** : 정륜왕의 종자　　　·**나무** : 귀의하다

무		사	다	남		삼	먁	삼	못	다

·**사다** : 일곱, 칠　　·**남** : 복수의 뜻　　·**삼먁삼** : 정등(正等)　　　　·**못다** : 붓다

구	치	남		다	냐	타		옴		자

·**구치** : 천만억, 억　　·**남** : 복수의 뜻　　　·**다냐타** : 곧 설해 가로되　　　　　·**옴** : 우주의 소리

례		주	례			준	제		사	바	하

·**자례** : 유행존(遊行尊)　·**주례** : 정계존(頂髻尊)　　　　·**준제** : 묘의 청정존이시여　　　·**사바하** : 원만, 성취

부	림									

·**부림** : 정륜왕의 종자

我	今	持	誦	大	准	提				
나 아	이제 금	가질 지	외울 송	큰 대	준할 준	끌 제				
卽	發	菩	提	廣	大	願				
곧 즉	필 발	보리 보	끌 제(리)	넓을 광	큰 대	원할 원				
願	我	定	慧	速	圓	明				
원할 원	나 아	정할 정	슬기로울 혜	빠를 속	둥글 원	밝을 명				
願	我	功	德	皆	成	就				
원할 원	나 아	공 공	덕 덕	다 개	이룰 성	나아갈 취				
願	我	勝	福	遍	莊	嚴				
원할 원	나 아	수승할 승	복 복	두루 편(변)	꾸밀 장	엄할 엄				
願	共	衆	生	成	佛	道				
원할 원	함께 공	무리 중	날 생	이룰 성	부처 불	길 도				
如	來	十	大	發	願	文				
같을 여	올 래	열 십	큰 대	필 발	원할 원	글월 문				

제가 이제 대준제진언을 외워 지니오니, 곧 보리심을 발하고 넓고 큰 원 발해지이다.

원컨대 제가 삼매를 통해서 정과 혜가 원만히 밝아지고, 크고 작은 모든 공덕이 다 성취되어지이다.

원컨대 제가 지닌 훌륭한 복으로 모든 것이 성취되고, 모든 중생이 다 함께 불도를 이루어지이다.

여래의 열 가지 큰 원력을 발하는 글

願	我	永	離	三	惡	道			
원할 **원**	나 **아**	길 **영**	떠날 **리**	석 **삼**	악할 **악**	길 **도**			
願	我	速	斷	貪	瞋	癡			
원할 **원**	나 **아**	빠를 **속**	끊을 **단**	탐낼 **탐**	성낼 **진**	어리석을 **치**			
願	我	常	聞	佛	法	僧			
원할 **원**	나 **아**	항상 **상**	들을 **문**	부처 **불**	법 **법**	스님 **승**			
願	我	勤	修	戒	定	慧			
원할 **원**	나 **아**	부지런할 **근**	닦을 **수**	경계할 **계**	정할 **정**	슬기로울 **혜**			
願	我	恒	隨	諸	佛	學			
원할 **원**	나 **아**	항상 **항**	따를 **수**	모두 **제**	부처 **불**	배울 **학**			
願	我	不	退	菩	提	心			
원할 **원**	나 **아**	아닐 **불**	물러날 **퇴**	보리 **보**	끌 **제(리)**	마음 **심**			
願	我	決	定	生	安	養			
원할 **원**	나 **아**	결단할 **결**	정할 **정**	날 **생**	편안 **안**	기를 **양**			

원컨대 저는 지옥·아귀·축생의 삼악도를 영원히 떠나서 살기를 원합니다.

원컨대 저는 탐진치 삼독을 빨리 끊기를 원합니다.

원컨대 저는 불법승 삼보에 대해 항상 듣기를 원합니다.

원컨대 저는 계정혜 삼학을 부지런히 닦기를 원합니다.

원컨대 저는 항상 모든 부처님을 따라서 배우기를 원합니다.

원컨대 저는 깨달음의 마음에서 물러서지 않기를 원합니다. 원컨대 저는 반드시 극락세계에 태어나기를 원합니다.

願	我	速	見	阿	彌	陀					
원할 **원**	나 **아**	빠를 **속**	볼 **견**	언덕 **아**	두루 **미**	비탈질 **타**					
願	我	分	身	遍	塵	刹					
원할 **원**	나 **아**	나눌 **분**	몸 **신**	두루 **편(변)**	티끌 **진**	절 **찰**					
願	我	廣	度	諸	衆	生					
원할 **원**	나 **아**	넓을 **광**	법도 **도**	모두 **제**	무리 **중**	날 **생**					
發	四	弘	誓	願							
필 **발**	넉 **사**	클 **홍**	맹세할 **서**	원할 **원**							
衆	生	無	邊	誓	願	度					
무리 **중**	날 **생**	없을 **무**	가 **변**	맹세할 **서**	원할 **원**	법도 **도**					
煩	惱	無	盡	誓	願	斷					
번거로울 **번**	번뇌할 **뇌**	없을 **무**	다할 **진**	맹세할 **서**	원할 **원**	끊을 **단**					
法	門	無	量	誓	願	學					
법 **법**	문 **문**	없을 **무**	헤아릴 **량**	맹세할 **서**	원할 **원**	배울 **학**					

원컨대 저는 속히 아미타불을 친견하기를 원합니다.

원컨대 저는 저의 몸이 먼지처럼 많은 곳에 두루 나투기를 원합니다.

원컨대 저는 모든 중생들을 널리 제도하기를 원합니다.

네 가지 큰 서원을 발함

중생이 끝없지만 맹세코 제도하기를 원합니다. 번뇌가 다함이 없지만 맹세코 끊기를 원합니다.

법문이 한량없지만 맹세코 배우기를 원합니다.

佛	道	無	上	誓	願	成
부처 **불**	길 **도**	없을 **무**	위 **상**	맹세할 **서**	원할 **원**	이룰 **성**
自	性	衆	生	誓	願	度
스스로 **자**	성품 **성**	무리 **중**	날 **생**	맹세할 **서**	원할 **원**	법도 **도**
自	性	煩	惱	誓	願	斷
스스로 **자**	성품 **성**	번거로울 **번**	번뇌할 **뇌**	맹세할 **서**	원할 **원**	끊을 **단**
自	性	法	門	誓	願	學
스스로 **자**	성품 **성**	법 **법**	문 **문**	맹세할 **서**	원할 **원**	배울 **학**
自	性	佛	道	誓	願	成
스스로 **자**	성품 **성**	부처 **불**	길 **도**	맹세할 **서**	원할 **원**	이룰 **성**

發	願	已	歸	命	禮	三	寶
필 **발**	원할 **원**	이미 **이**	돌아갈 **귀**	목숨 **명**	예도 **례**	석 **삼**	보배 **보**

南	無	常	住	十	方	佛
나무 **나**	없을 **무**	항상 **상**	살 **주**	열 **십(시)**	방위 **방**	부처 **불**

불도가 높고 높지만 맹세코 이루기를 원합니다.

자성 속에 있는 중생을 맹세코 건지기를 원합니다. 자성 속에 있는 번뇌를 맹세코 끊기를 원합니다.

자성 속에 있는 법문을 맹세코 배우기를 원합니다. 자성 속에 있는 불도를 맹세코 이루기를 원합니다.

발원을 마치고 삼보께 귀의하여 예배드립니다.

『시방세계에 항상 계시는 부처님께 귀의하며 받듭니다.

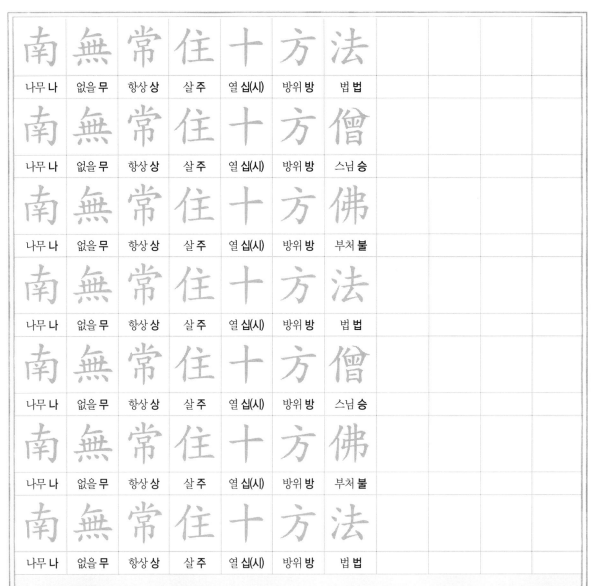

南	無	常	住	十	方	法				
나무 **나**	없을 **무**	항상 **상**	살 **주**	열 **십(시)**	방위 **방**	법 **법**				
南	無	常	住	十	方	僧				
나무 **나**	없을 **무**	항상 **상**	살 **주**	열 **십(시)**	방위 **방**	스님 **승**				
南	無	常	住	十	方	佛				
나무 **나**	없을 **무**	항상 **상**	살 **주**	열 **십(시)**	방위 **방**	부처 **불**				
南	無	常	住	十	方	法				
나무 **나**	없을 **무**	항상 **상**	살 **주**	열 **십(시)**	방위 **방**	법 **법**				
南	無	常	住	十	方	僧				
나무 **나**	없을 **무**	항상 **상**	살 **주**	열 **십(시)**	방위 **방**	스님 **승**				
南	無	常	住	十	方	佛				
나무 **나**	없을 **무**	항상 **상**	살 **주**	열 **십(시)**	방위 **방**	부처 **불**				
南	無	常	住	十	方	法				
나무 **나**	없을 **무**	항상 **상**	살 **주**	열 **십(시)**	방위 **방**	법 **법**				

시방세계에 항상 있는 가르침에 귀의하며 받듭니다.

시방세계에 항상 계신 승가에 귀의하며 받듭니다.』(세번)

南	無	常	住	十	方	僧			
나무 나	없을 무	항상 상	살 주	열 십(시)	방위 방	스님 승			

淨	三	業	眞	言					
깨끗할 정	석 삼	업 업	참 진	말씀 언					

옴		사	바	바	바		수	다	살	바

· **옴** : 우주의 소리 　· **사바바바** : 본성 　　　　· **수다** : 청정 　· **살바** : 일체

달	마		사	바	바	바		수	도	함

· **달마** : 법 　　· **사바바바** : 본성 　　　　· **수도** : 청정 　· **함** : 자기 자신

·	옴		사	바	바	바		수	다	살

· **옴** : 우주의 소리 　· **사바바바** : 본성 　　　　· **수다** : 청정 　· **살바** : 일체

바		달	마		사	바	바	바		수

· **달마** : 법 　　　· **사바바바** : 본성 　　　　· **수도** : 청정

도	함	·	옴		사	바	바	바		수

· **함** : 자기 자신 　· **옴** : 우주의 소리 　· **사바바바** : 본성 　　　　· **수다** : 청정

신구의 삼업을 깨끗이 하는 진언

『옴 사바바바 수다살바 달마 사바바바 수도함』(세번)

- 옴! 본성이 청정한 일체법이여, 내 자성도 청정하여지이다.

다 살 바　달 마　사 바 바 바

·**살바** : 일체　　　　·**달마** : 법　　　　·**사바바바** : 본성

수 도 함

·**수도** : 청정　　·**함** : 자기 자신

開	壇	眞	言
열 **개**	단 **단**	참 **진**	말씀 **언**

옴　　바 아 라　　뇌 로　　다 가

·**옴** : 우주의 소리　·**바아라** : 금강(金剛)　　　·**뇌로** : 불　　　·**다가다야** : 큰 북

다 야　삼 마 야　바 라 베

·**삼마야** : 시간　　　·**바라베 사야** : 두루 임하다

사 야 훔 · 옴　바 아 라　뇌

·**훔** : 이구청정(離垢淸淨)　·**옴** : 우주의 소리　·**바아라** : 금강(金剛)　　·**뇌로** : 불

로　다 가 다 야　삼 마 야

·**다가다야** : 큰 북　　　·**삼마야** : 시간

제단을 여는 진언

『옴 바아라 뇌로 다가다야 삼마야 바라베 사야훔』(세번)

- 옴! 금강의 불길 같은 님이시여, 북이 울릴 때 두루 들어가리라.

바	라	베		사	야	훔	·	옴		바

·**바라베 사야** : 두루 임하다　　　　　　　　　　**훔** : 이구청정(離垢淸淨)　·**옴** : 우주의 소리

아	라		뇌	로		다	가	다	야

·**바아라** : 금강(金剛)　　　·**뇌로** : 불　　　　　·**다가다야** : 큰 북

삼	마	야		바	라	베		사	야	훔

·**삼마야** : 시간　　　　　·**바라베 사야** : 두루 임하다　　　　　·**훔** : 이구청정(離垢淸淨)

建	壇	眞	言

세울 **건**　　단 **단**　　참 **진**　　말씀 **언**

옴		난	다	난	다		나	지	나	지

·**옴** : 우주의 소리　·**난다** : 환희의 신　·**난다** : 환희의 신　　　·**나지** : 건단무녀신　·**나지** : 건단무녀신

난	다	바	리		사	바	하	·	옴		난

·**바리** : 가지고 오소서　　　·**사바하** : 구경, 원만, 성취　　　·**옴** : 우주의 소리

난	다	난	다		나	지	나	지		난

·**난다** : 환희의 신　·**난다** : 환희의 신　　　·**나지** : 건단무녀신　·**나지** : 건단무녀신

제단을 세우는 진언

『옴 난다난다 나지나지 난다바리 사바하』(세번)

- 환희신이여, 환희신이여, 단을 세우는 무녀신이여, 희열의 낙원을 가지고 오소서.

다 바 리　사 바 하 · 옴　난

· **바리** : 가지고 오소서　　· **사바하** : 구경, 원만, 성취　　· **옴** : 우주의 소리

다 난 다　나 지 나 지　난 다

· **난다** : 환희의 신　· **난다** : 환희의 신　　· **나지** : 건단무녀신　· **나지** : 건단무녀신

바 리　사 바 하

· **바리** : 가지고 오소서　　· **사바하** : 구경, 원만, 성취

淨	法	界	眞	言					
깨끗할 **정**	법 **법**	경계 **계**	참 **진**	말씀 **언**					

羅	字	色	鮮	白		空	點	以	嚴	之
그물 **나**	글자 **자**	빛 **색**	고울 **선**	흰 **백**		빌 **공**	점 **점**	써 **이**	엄할 **엄**	어조사 **지**

如	彼	髻	明	珠		置	之	於	頂	上
같을 **여**	저 **피**	상투 **계**	밝을 **명**	구슬 **주**		둘 **치**	어조사 **지**	어조사 **어**	정수리 **정**	위 **상**

眞	言	同	法	界		無	量	衆	罪	除
참 **진**	말씀 **언**	한가지 **동**	법 **법**	경계 **계**		없을 **무**	헤아릴 **량**	무리 **중**	허물 **죄**	덜 **제**

법계를 깨끗이 하는 진언

'나'의 글자는 색이 곱고 흰데, 공의 점으로써 장엄했습니다.

글자 모양은 마치 상투 위에 밝은 구슬을 올린 것과 같으며, 그것을 정상에 두었습니다.

정법계진언은 법계와 같은데, 한량없는 죄를 소멸케 합니다.

一	切	觸	穢	處		當	加	此	字	門
한 **일**	온통 **체**	닿을 **촉**	더러울 **예**	곳 **처**		마땅 **당**	더할 **가**	이 **차**	글자 **자**	문 **문**
나	무		사	만	다		못	다	남	

· **나무** : 귀의하여 받든다 　　　 · **사만다** : 널리, 두루 　　　　　 · **못다** : 붓다 　　　 · **남** : ~들

남	·	나	무		사	만	다		못	다

· **남** : 불의 원소 종자 　　 · **나무** : 귀의하여 받든다 　　　 · **사만다** : 널리, 두루 　　　　 · **못다** : 붓다

남		남	·	나	무		사	만	다	

· **남** : ~들 　　　 · **남** : 불의 원소 종자 　 · **나무** : 귀의하여 받든다 　　　 · **사만다** : 널리, 두루

못	다	남		남	

· **못다** : 붓다 　　　 · **남** : ~들 　　　 · **남** : 불의 원소 종자

일체의 더러운 곳에 닿을 때마다, 마땅히 이 글자(옴 남)를 놓아 두십시오.

『나무 사만다 못다남 남』(세번)

- 널리 두루 계시는 부처님께 귀의하며 받듭니다.

〈사경 2회〉

千	手	經							
일천 천	손 수	글 경							

淨	口	業	眞	言					
깨끗할 정	입 구	업 업	참 진	말씀 언					

| 수 | 리 | | | 수 | 리 | | 마 | 하 | 수 | 리 |

· **수리** : 길상존 　　　　· **수리** : 길상존 　　　　· **마하** : 크다, 위대하다 · **수리** : 길상존

| 수 | 수 | 리 | | 사 | 바 | 하 | · | 수 | 리 |

· **수** : 지극하다 · **수리** : 길상존 　　　· **사바하** : 앞의 내용을 결론짓는 종결 의미, 구경, 원만, 성취 · **수리** : 길상존

| 수 | 리 | | 마 | 하 | 수 | 리 | | 수 | 수 | 리 |

· **수리** : 길상존 　　　· **마하** : 크다, 위대하다 · **수리** : 길상존 　　　· **수** : 지극하다 · **수리** : 길상존

| 사 | 바 | 하 | · | 수 | 리 | | 수 | 리 | | 마 |

· **사바하** : 앞의 내용을 결론짓는 종결 의미, 구경, 원만, 성취 · **수리** : 길상존 　　· **수리** : 길상존 　　· **마하** : 크다, 위대하다

입으로 지은 업을 깨끗이 하는 진언

『수리 수리 마하수리 수수리 사바하』(세번)

- 길상존이시여, 길상존이시여, 대길상존이시여, 극길상존이시여, 그 길상이 원만히 성취되소서.

하	수	리		수	수	리		사	바	하

·**수리** : 길상존   ·**수** : 지극하다 ·**수리** : 길상존   ·**사바하** : 앞의 내용을 결론짓는 종결 의미, 구경, 원만, 성취

五	方	内	外	安	慰	諸	神	眞	言
다섯 **오**	방위 **방**	안 **내**	밖 **외**	편안 **안**	위로할 **위**	모두 **제**	신 **신**	참 **진**	말씀 **언**

나	무		사	만	다		못	다	남

·**나무** : 귀의하여 받든다   ·**사만다** : 널리, 두루   ·**못다** : 붓다   ·**남** : ~들

옴	도	로	도	로		지	미		사

·**옴** : 진언의 정형구, 소리의 근원, 우주의 핵심 ·**도로** : 건너다 ·**도로** : 건너다   ·**지미** : 승리하다, 항복시키다

바	하	·	나	무		사	만	다		못

·**사바하** : 구경, 원만, 성취   ·**나무** : 귀의하여 받든다   ·**사만다** : 널리, 두루   ·**못다** : 붓다

다	남		옴		도	로	도	로		지

·**남** : ~들   ·**옴** : 진언의 정형구, 소리의 근원, 우주의 핵심 ·**도로** : 건너다 ·**도로** : 건너다

미		사	바	하	·	나	무		사	만

·**지미** : 승리하다, 항복시키다 ·**사바하** : 구경, 원만, 성취   ·**나무** : 귀의하여 받든다   ·**사만다** : 널리, 두루

모든 신들을 편안하게 해 주는 진언

『나무 사만다 못다남 옴 도로도로 지미 사바하』(세번)

- 온 우주에 두루 계신 부처님께 귀의하고 받드오니, 제도하고 제도하소서, 승리하리이다.

다		못	다	남		옴		도	로	도

· **못다** : 붓다 · **남** : ~들 · **옴** : 진언의 정형구, 소리의 근원, 우주의 핵심 · **도로** : 건너다

로		지	미		사	바	하			

· **도로** : 건너다 · **지미** : 승리하다, 항복시키다 · **사바하** : 구경, 원만, 성취

開	經	偈
열 **개**	글 **경**	쉴 **게**

無	上	甚	深	微	妙	法
없을 **무**	위 **상**	심할 **심**	깊을 **심**	작을 **미**	묘할 **묘**	법 **법**
百	千	萬	劫	難	遭	遇
일백 **백**	일천 **천**	일만 **만**	겁 **겁**	어려울 **난**	만날 **조**	만날 **우**
我	今	聞	見	得	受	持
나 **아**	이제 **금**	들을 **문**	볼 **견**	얻을 **득**	받을 **수**	가질 **지**
願	解	如	來	眞	實	意
원할 **원**	풀 **해**	같을 **여**	올 **래**	참 **진**	열매 **실**	뜻 **의**

경을 펼치기 전에 경을 찬미하는 게송

부처님의 법은 가장 높고 가장 깊고 가장 미묘해서
수억만 년의 세월이 흘러도 만나 뵙기 어렵습니다.
저는 이제 불법을 듣고 경전을 보고 간직하오니
원컨대 여래의 진실한 뜻 잘 알게 해 주십시오.

開	法	藏	眞	言						
열 개	법 법	곳집 장	참 진	말씀 언						

옴		아	라	남		아	라	다	·	옴

·옴 : 소리의 근원, 우주의 핵심　**·아라남** : 무쟁삼매　　　**·아라다** : 만족　　　**·옴** : 소리의 근원, 우주의 핵심

아	라	남		아	라	다	·	옴		아

·아라남 : 무쟁삼매　　　**·아라다** : 만족　　　　　**·옴** : 소리의 근원, 우주의 핵심

라	남		아	라	다					

·아라남 : 무쟁삼매　　　**·아라다** : 만족

千	手	千	眼	觀	自	在	菩	薩	廣	大
일천 천	손 수	일천 천	눈 안	볼 관	스스로 자	있을 재	보리 보	보살 살	넓을 광	큰 대
圓	滿	無	碍	大	悲	心	大	陀	羅	尼
둥글 원	찰 만	없을 무	거리낄 애	큰 대	슬플 비	마음 심	큰 대	비탈질 타(다)	그물 라	여승 니
啓	請									
열 계	청할 청									

진리의 법장을 여는 진언

『옴 아라남 아라다』(세번)

- 번뇌가 없는 편안한 마음으로 법열 속에서 만족합니다.

천수천안 관자재보살의

광대하고 원만하고 걸림 없는 대자비심의 위대한 다라니를 열기를 청합니다.

稽	首	觀	音	大	悲	呪				
상고할 **계**	머리 **수**	볼 **관**	소리 **음**	큰 **대**	슬플 **비**	빌 **주**				
願	力	弘	深	相	好	身				
원할 **원**	힘 **력**	클 **홍**	깊을 **심**	모양 **상**	좋을 **호**	몸 **신**				
千	臂	莊	嚴	普	護	持				
일천 **천**	팔 **비**	꾸밀 **장**	엄할 **엄**	넓을 **보**	도울 **호**	가질 **지**				
千	眼	光	明	遍	觀	照				
일천 **천**	눈 **안**	빛 **광**	밝을 **명**	두루 **편(변)**	볼 **관**	비칠 **조**				
眞	實	語	中	宣	密	語				
참 **진**	열매 **실**	말씀 **어**	가운데 **중**	베풀 **선**	비밀 **밀**	말씀 **어**				
無	爲	心	內	起	悲	心				
없을 **무**	할 **위**	마음 **심**	안 **내**	일어날 **기**	슬플 **비**	마음 **심**				
速	令	滿	足	諸	希	求				
빠를 **속**	하여금 **령**	찰 **만**	족할 **족**	모두 **제**	바랄 **희**	구할 **구**				

관세음보살의 대비주에 머리 숙여 귀의합니다.

관세음보살의 원력은 넓고 깊으며 그 모습 매우 원만하여

천 개의 팔로 장엄해서 널리 보호하고 감싸 주시며, 천 개의 눈으로 빛을 내어 두루 관찰하여 비추십니다.

진실한 말 가운데 비밀스럽고 불가사의한 말씀 베풀어

아무 조건 없는 마음 가운데 자비심을 일으키십니다.

중생들의 온갖 소원 하루속히 이뤄져서 만족하게 하시고

永	使	滅	除	諸	罪	業				
길 **영**	하여금 **사**	멸할 **멸**	덜 **제**	모두 **제**	허물 **죄**	업 **업**				
天	龍	衆	聖	同	慈	護				
하늘 **천**	용 **룡**	무리 **중**	성인 **성**	한가지 **동**	사랑 **자**	도울 **호**				
百	千	三	昧	頓	熏	修				
일백 **백**	일천 **천**	석 **삼**	어두울 **매**	갑자기 **돈**	불길 **훈**	닦을 **수**				
受	持	身	是	光	明	幢				
받을 **수**	가질 **지**	몸 **신**	이 **시**	빛 **광**	밝을 **명**	기 **당**				
受	持	心	是	神	通	藏				
받을 **수**	가질 **지**	마음 **심**	이 **시**	신통할 **신**	통할 **통**	곳집 **장**				
洗	滌	塵	勞	願	濟	海				
씻을 **세**	씻을 **척**	티끌 **진**	일할 **로**	원할 **원**	건널 **제**	바다 **해**				
超	證	菩	提	方	便	門				
뛰어넘을 **초**	증할 **증**	보리 **보**	끝 **제(리)**	처방 **방**	편할 **편**	문 **문**				

모든 죄의 업장들을 영원히 소멸시켜 없애 주십니다.

천룡과 모든 성인들이 함께 자비로써 보호하시고

백천 가지의 온갖 삼매를 한꺼번에 닦습니다.

이 법을 받아 지닌 저의 몸은 광명의 깃발이며

이 법을 받아 지닌 저의 마음은 신통의 창고와 같으니

온갖 번뇌를 씻어내고 원하는 바를 성취하여, 깨달음의 방편문을 한꺼번에 성취합니다.

我	今	稱	誦	誓	歸	依			
나 아	이제 금	일컬을 칭	외울 송	맹세할 서	돌아갈 귀	의지할 의			
所	願	從	心	悉	圓	滿			
바 소	원할 원	좇을 종	마음 심	다 실	둥글 원	찰 만			
南	無	大	悲	觀	世	音			
나무 나	없을 무	큰 대	슬플 비	볼 관	세상 세	소리 음			
願	我	速	知	一	切	法			
원할 원	나 아	빠를 속	알 지	한 일	온통 체	법 법			
南	無	大	悲	觀	世	音			
나무 나	없을 무	큰 대	슬플 비	볼 관	세상 세	소리 음			
願	我	早	得	智	慧	眼			
원할 원	나 아	이를 조	얻을 득	슬기 지	슬기로울 혜	눈 안			
南	無	大	悲	觀	世	音			
나무 나	없을 무	큰 대	슬플 비	볼 관	세상 세	소리 음			

제가 이제 관음의 대비주를 칭송하고 맹세코 귀의하오니

원하는 바가 자신의 뜻대로 원만히 이뤄집니다.

자비하신 관세음께 귀의하오니, 일체의 모든 법을 빨리 알게 해 주십시오.

자비하신 관세음께 귀의하오니, 지혜의 눈을 빨리 뜨게 해 주십시오.

자비하신 관세음께 귀의하오니,

願	我	速	度	一	切	衆			
원할 **원**	나 **아**	빠를 **속**	법도 **도**	한 **일**	온통 **체**	무리 **중**			
南	無	大	悲	觀	世	音			
나무 **나**	없을 **무**	큰 **대**	슬플 **비**	볼 **관**	세상 **세**	소리 **음**			
願	我	早	得	善	方	便			
원할 **원**	나 **아**	이를 **조**	얻을 **득**	착할 **선**	처방 **방**	편할 **편**			
南	無	大	悲	觀	世	音			
나무 **나**	없을 **무**	큰 **대**	슬플 **비**	볼 **관**	세상 **세**	소리 **음**			
願	我	速	乘	般	若	船			
원할 **원**	나 **아**	빠를 **속**	탈 **승**	일반 **반**	반야 **야**	배 **선**			
南	無	大	悲	觀	世	音			
나무 **나**	없을 **무**	큰 **대**	슬플 **비**	볼 **관**	세상 **세**	소리 **음**			
願	我	早	得	越	苦	海			
원할 **원**	나 **아**	이를 **조**	얻을 **득**	넘을 **월**	괴로울 **고**	바다 **해**			

모든 중생들을 빨리 제도하게 해 주십시오.

자비하신 관세음께 귀의하오니, 좋은 방편을 빨리 얻게 해 주십시오.

자비하신 관세음께 귀의하오니, 지혜의 배를 빨리 타게 해 주십시오.

자비하신 관세음께 귀의하오니, 괴로움의 바다를 빨리 건너게 해 주십시오.

南	無	大	悲	觀	世	音				
나무 나	없을 무	큰 대	슬플 비	볼 관	세상 세	소리 음				
願	我	速	得	戒	定	道				
원할 원	나 아	빠를 속	얻을 득	경계할 계	정할 정	길 도				
南	無	大	悲	觀	世	音				
나무 나	없을 무	큰 대	슬플 비	볼 관	세상 세	소리 음				
願	我	早	登	圓	寂	山				
원할 원	나 아	이를 조	오를 등	둥글 원	고요할 적	뫼 산				
南	無	大	悲	觀	世	音				
나무 나	없을 무	큰 대	슬플 비	볼 관	세상 세	소리 음				
願	我	速	會	無	爲	舍				
원할 원	나 아	빠를 속	모일 회	없을 무	할 위	집 사				
南	無	大	悲	觀	世	音				
나무 나	없을 무	큰 대	슬플 비	볼 관	세상 세	소리 음				

자비하신 관세음께 귀의하오니, 계정의 길을 빨리 가게 해 주십시오.

자비하신 관세음께 귀의하오니, 열반의 자리에 빨리 오르게 해 주십시오.

자비하신 관세음께 귀의하오니, 무위의 집에 빨리 모이게 해 주십시오.

자비하신 관세음께 귀의하오니, 법성의 몸과 같게 해 주십시오.

願	我	早	同	法	性	身			
원할 **원**	나 **아**	이를 **조**	한가지 **동**	법 **법**	성품 **성**	몸 **신**			
我	若	向	刀	山		刀	山	自	摧	折
나 **아**	만약 **약**	향할 **향**	칼 **도**	뫼 **산**		칼 **도**	뫼 **산**	스스로 **자**	꺾을 **최**	꺾을 **절**
我	若	向	火	湯		火	湯	自	消	滅
나 **아**	만약 **약**	향할 **향**	불 **화**	끓일 **탕**		불 **화**	끓일 **탕**	스스로 **자**	사라질 **소**	멸할 **멸**
我	若	向	地	獄		地	獄	自	枯	渴
나 **아**	만약 **약**	향할 **향**	땅 **지**	옥 **옥**		땅 **지**	옥 **옥**	스스로 **자**	마를 **고**	목마를 **갈**
我	若	向	餓	鬼		餓	鬼	自	飽	滿
나 **아**	만약 **약**	향할 **향**	주릴 **아**	귀신 **귀**		주릴 **아**	귀신 **귀**	스스로 **자**	배부를 **포**	찰 **만**
我	若	向	修	羅		惡	心	自	調	伏
나 **아**	만약 **약**	향할 **향**	닦을 **수**	그물 **라**		악할 **악**	마음 **심**	스스로 **자**	고를 **조**	엎드릴 **복**
我	若	向	畜	生			自	得	大	智	慧
나 **아**	만약 **약**	향할 **향**	짐승 **축**	날 **생**			스스로 **자**	얻을 **득**	큰 대	슬기 **지**	슬기로울 **혜**

제가 만약 칼산을 향해 가면, 칼산이 저절로 무너져 버리고
제가 만약 화탕지옥을 향해 가면, 화탕이 저절로 소멸되고
제가 만약 지옥을 향해 가면, 지옥이 저절로 말라서 없어지고
제가 만약 아귀 있는 곳을 향해 가면, 아귀가 저절로 배가 불러지고
제가 만약 아수라의 세계를 향해 가면, 악한 마음이 저절로 항복받게 되고
제가 만약 축생의 세계를 향해 가면, 축생 스스로 큰 지혜를 얻게 됩니다.

南	無	觀	世	音	菩	薩	摩	訶	薩	
나무 나	없을 무	볼 관	세상 세	소리 음	보리 보	보살 살	갈 마	꾸짖을 하	보살 살	
南	無	大	勢	至	菩	薩	摩	訶	薩	
나무 나	없을 무	큰 대	형세 세	이를 지	보리 보	보살 살	갈 마	꾸짖을 하	보살 살	
南	無	千	手	菩	薩	摩	訶	薩		
나무 나	없을 무	일천 천	손 수	보리 보	보살 살	갈 마	꾸짖을 하	보살 살		
南	無	如	意	輪	菩	薩	摩	訶	薩	
나무 나	없을 무	같을 여	뜻 의	바퀴 륜	보리 보	보살 살	갈 마	꾸짖을 하	보살 살	
南	無	大	輪	菩	薩	摩	訶	薩		
나무 나	없을 무	큰 대	바퀴 륜	보리 보	보살 살	갈 마	꾸짖을 하	보살 살		
南	無	觀	自	在	菩	薩	摩	訶	薩	
나무 나	없을 무	볼 관	스스로 자	있을 재	보리 보	보살 살	갈 마	꾸짖을 하	보살 살	
南	無	正	趣	菩	薩	摩	訶	薩		
나무 나	없을 무	바를 정	갈래 취	보리 보	보살 살	갈 마	꾸짖을 하	보살 살		

관세음보살마하살께 귀의합니다. 대세지보살마하살께 귀의합니다.
천수보살마하살께 귀의합니다. 여의륜보살마하살께 귀의합니다.
대륜보살마하살께 귀의합니다. 관자재보살마하살께 귀의합니다.
정취보살마하살께 귀의합니다.

南	無	滿	月	菩	薩	摩	訶	薩		
나무 나	없을 무	찰 만	달 월	보리 보	보살 살	갈 마	꾸짖을 하	보살 살		
南	無	水	月	菩	薩	摩	訶	薩		
나무 나	없을 무	물 수	달 월	보리 보	보살 살	갈 마	꾸짖을 하	보살 살		
南	無	軍	茶	利	菩	薩	摩	訶	薩	
나무 나	없을 무	군사 군	차 다	이로울 리	보리 보	보살 살	갈 마	꾸짖을 하	보살 살	
南	無	十	一	面	菩	薩	摩	訶	薩	
나무 나	없을 무	열 십	한 일	낯 면	보리 보	보살 살	갈 마	꾸짖을 하	보살 살	
南	無	諸	大	菩	薩	摩	訶	薩		
나무 나	없을 무	모두 제	큰 대	보리 보	보살 살	갈 마	꾸짖을 하	보살 살		
南	無	本	師	阿	彌	陀	佛			
나무 나	없을 무	근본 본	스승 사	언덕 아	두루 미	비탈질 타	부처 불			
南	無	本	師	阿	彌	陀	佛			
나무 나	없을 무	근본 본	스승 사	언덕 아	두루 미	비탈질 타	부처 불			

만월보살마하살께 귀의합니다. 수월보살마하살께 귀의합니다.

군다리보살마하살께 귀의합니다. 십일면보살마하살께 귀의합니다.

제대보살마하살께 귀의합니다.

『본사아미타불께 귀의합니다』(세번)

南	無	本	師	阿	彌	陀	佛			
나무 나	없을 무	근본 본	스승 사	언덕 아	두루 미	비탈질 타	부처 불			
神	妙	章	句	大	陀	羅	尼			
신통할 신	묘할 묘	글 장	글귀 구	큰 대	비탈질 타(다)	그물 라	여승 니			

나	모	라		다	나	다	라		야	야

·**나모** : 귀의하여 받든다　·**라다나** : 보배　　·**다라야** : 삼(三)　　·**야** : ~에게

나	막	알	약		바	로	기	제		새

·**나막** : 귀의하여 받든다　**알약** : 성스럽다　　·**바로기제새바라** : 관자재 ; 관세음보살의 다른 이름

바	라	야		모	지		사	다	바	야

·**야** : ~에게　　·**모지** : 보리　　·**사다바** : 살타 [보리살타]　·**야** : ~에게

마	하		사	다	바	야		마	하	가

·**마하** : 크다, 대(大)　　·**사다바** : 보살　　·**야** : ~에게　　·**마하** : 크다, 대(大)

로		니	가	야		옴		살	바	

·**가로니가** : 까로니까 ; 비(悲) [대비(大悲)]　·**야** : ~에게　·**옴** : 우주의 소리　·**살바** : 일체

신묘하고 불가사의한 큰 다라니

삼보께 귀의합니다.

성스러운 관자재보살 마하살 대비존께 귀의합니다.

바	예	수		다	라	나		가	라	야

· **바예수** : 두려움들에서 　　　　· **다라나** : 구제, 구도 　　　　· **가라야** : 행위하다 [구제하는]

다	사	명		나	막	까	리		다	바

· **다사명** : 그런 까닭에 　　　　· **나막** : 귀의하여 받든다 　· **까리다바** : 어지신 분

이	맘	알	야		바	로	기	제		새

· **이맘** : 이, 이를 　　· **알야** : 성스럽다 　　　　· **바로기제새바라** : 관자재보살

바	라		다	바		니	라	간	타

　　　· **다바** : 찬탄하다 　　　　· **니라** : 푸른 　　　· **간타** : 목 [청경(靑頸)]

나	막	하	리	나	야		마	발	다

· **나막** : ~라고 이름하는 · **하리나야** : 마음, 심수, 진언 　　　· **마발다 이사미** : 암송하겠다, 반복하겠다

이	사	미		살	발	타		사	다	남

　　　　· **살발타** : 살바르타(**살바** : 일체, **르타** : 목적, 이익) · **사다남** : 완성, 성취

수	반		아	예	염		살	바		보

· **수반** : 길상, 훌륭한 　　· **아예염** : 불가승, 이길 수 없는 　　　· **살바** : 일체 　　　　· **보다남** : 존재

모든 두려움에서 구제해 주시는 저 어진 관세음보살께 귀의하고
이 성스러운 관자재보살을 찬탄합니다.
청경존의 그 마음과 모든 목적을 성취하고 모든 존재들의 삶의 길을 청정하게 하시는
그 마음을 노래합니다.

다 남 바 바 말 아 미 수 다

· **바바말아** : 탄생하다, 존재하다, 삶의 길　　· **미수다감** : 정화, 청정

감 다 냐 타 옴 아 로 게

· **다냐타** : 그것은 다음과 같다　　· **옴** : 극찬의 의미　　· **아로게** : 광명, 명조(明照), 안목, 봄

아 로 가 마 지 로 가 지 가

· **아로가** : 광명, 명조(明照), 안목, 봄　　· **마지** : 지혜　　· **로가** : 로까 ; 세간, 세계　　· **지가란제** : 초월하다

란 제 혜 혜 하 례 마 하 모

· **혜혜** : 감탄사 '오!'　　· **하례** : 신의 이름 ; 관세음보살　　· **마하** : 크다, 대(大)

지 사 다 바 사 마 라 사

· **모지 사다바** : 보리살타 ; 보살　　· **사마라** : 기억하다, 억념하다

마 라 하 리 나 야 구 로 구

· **사마라** : 기억하다, 억념하다　　· **하리나야** : 마음의 진언, 심수　　· **구로** : 작위, 시행, 행위

로 갈 마 사 다 야 사 다

· **구로** : 작위, 시행, 행위　　· **갈마** : 카르마 ; 업, 작용, 행위　　· **사다야** : 성취하다　　· **사다야** : 성취하다

옴! 광명존이시여, 광명의 지혜존이시여, 세간을 초월하신 존(尊)이시여,

오! 님이시여, 위대한 보살이시여!

마음의 진언을 억념하옵소서, 억념하옵소서. 작업을 실행하소서, 실행하소서.

성취케 하소서, 성취케 하소서.

야		도 로	도 로		미 연 제	

·**도로** : 승리하다   ·**도로** : 승리하다   ·**미연제** : 승리한 님이시여

마 하		미 연 제		다 라	다 라

·**마하 미연제** : 위대한 승리자   ·**다라** : 수지, 보존   ·**다라** : 수지, 보존

다 린		나 례		새 바 라		자

·**다린 나례 새바라** : 지닌다의 '다라'와 번개를 뜻하는 '인드라'와 절대자를 뜻하는 '이슈바라'가 합해진 말   ·**자라** : 발동, 행동

라	자 라		마 라	미	마 라		아

·**자라** : 발동, 행동   ·**마라** : 때, 더러움   ·**미** : 부정의 뜻 ·**마라** : 때, 더러움   ·**아** : 부정의 뜻

마	라		몰	제		예	혜	혜		로

·**마라** : 때, 더러움   ·**몰제** : 훌륭한 모습   ·**예혜혜** : 예히예히 ; 강림하다, 오다

계		새	바	라		라	아	미	사	미

·**로계** : 세간, 세계   ·**새바라** : 주인   ·**라아** : 탐심   ·**미사** : 독

나	사	야		나	베		사	미	사	미

·**미나사야** : 멸망, 소멸   ·**나베사** : 성내는 마음   ·**미사** : 독

승리하고 또 승리하소서, 위대한 승리자시여!

지켜 주소서, 번개를 지니신 절대자시여,

발동하소서, 더러움을 떠난 님이시여, 티없이 깨끗한 원만상존이시여, 강림하소서, 강림하소서.

세간의 주인이신 자재존이시여, 탐욕의 독을 소멸케 하소서, 성냄의 독을 소멸케 하소서,

나	사	야		모	하	자	라		미	사

· **미나사야** : 소멸, 멸망　　　　　　　　· **모하** : 어리석은 마음　· **자라** : 동요 ; 어리석음에 의한 행동　· **미사** : 독

미		나	사	야		호	로	호	로

· **미나사야** : 소멸, 멸망　　　　　　　　　· **호로** : 감탄사 '아!'　· **호로** : 감탄사 '아!'

마	라	호	로		하	례		바	나	마

· **마라** : 님　　　· **호로** : 감탄사 '아!'　　　· **하례** : 신의 이름　　　· **바나마** : 연꽃

나	바		사	라	사	라		시	리	시

· **나바** : 마음, 중심, 중앙　· **사라사라** : 물이 흐르는 모습을 나타낸 의태어　· **시리시리** : 물이 흐르는 모습을 나타낸 의태어

리		소	로	소	로		못	쟈	못	쟈

· **소로소로** : 물이 흐르는 모습을 나타낸 의태어　· **못쟈** : 붓다, 깨달음　· **못쟈** : 붓다, 깨달음

모	다	야		모	다	야		매	다	리

· **모다야** : 보다야 ; 보리　　　　　· **모다야** : 보다야 ; 보리　· **매다리야** : 미륵보살의 이름 '마이트리야' ; 자비로운

야		니	라	간	타		가	마	사

· **니라간타** : 청경관음　　　　　· **가마사** : 욕망의, 원망(願望)의

어리석음의 독을 소멸케 하소서, 어서 빨리 가져가십시오.

아, 님이시여, 아! 연꽃의 마음을 간직한 이여, 감로법수를 흐르게 하소서, 흐르게 하소서.

감로의 지혜 광명을 흐르게 하소서, 흐르게 하소서.

감로의 덕을 흐르게 하소서, 흐르게 하소서.

깨닫게 하소서, 깨닫게 하소서.

자비심 깊으신 청경관음존이시여,

날	사	남		바	라	하	라	나	야

·**날사남** : 부수다, 파괴하다   ·**바라하라나야** : 악마왕 아들의 이름 ; 악마를 따르지 않고 정법을 따른 자

마	낙		사	바	하		싯	다	야

·**마낙** : 마음   ·**사바하** : 성취, 원만, 구경   ·**싯다야** : 성취

사	바	하		마	하	싯	다	야	사

·**사바하** : 성취, 원만, 구경   ·**마하** : 크다, 대(大)   ·**싯다야** : 성취

바	하		싯	다	유	예		새	바	라

·**사바하** : 성취, 원만, 구경   ·**싯다** : 성취   ·**유예** : 요가   ·**새바라야** : 자재(自在)

야		사	바	하		니	라	간	타	야

·**사바하** : 성취, 원만, 구경   ·**니라간타** : 청경관음   ·**야** : ~에게

사	바	하		바	라	하		목	카	싱

·**사바하** : 성취, 원만, 구경   ·**바라하** : 산돼지   ·**목카** : 얼굴   ·**싱하** : 사자

하		목	카	야		사	바	하		바

·**목카** : 얼굴   ·**야** : ~에게   ·**사바하** : 성취, 원만, 구경

욕망을 부숴 버린 님의 마음을 위하여,

성취하신 분을 위하여,

위대한 성취존을 위하여,

요가를 성취하신 자재존을 위하여,

청경관음존을 위하여,

산돼지 얼굴, 사자 얼굴을 한 관세음보살을 위하여,

나	마		하	따	야		사	바	하

·**나마** : 연꽃　　　　　　　　·**하따야** : 잡다　　　　　　　　·**사바하** : 성취, 원만, 구경

자	가	라		욕	다	야		사	바	하

·**자가라** : 크고 둥근 바퀴　　　　·**욕다야** : 지니다　　　　　·**사바하** : 성취, 원만, 구경

상	카	섭	나	녜		모	다	나	야

·**상카 섭나** : 법(法) 소라 나팔 소리　　　·**녜모다나야** : 깨어나다

사	바	하		마	하	라		구	타	다

·**사바하** : 성취, 원만, 구경　　　·**마하** : 크다, 대(大)　·**라구타** : 곤봉, 금강저

라	야		사	바	하		바	마	사	간

·**다라야** : 가지다　　　·**사바하** : 성취, 원만, 구경　　　·**바마** : 왼쪽　　·**사간타** : 어깨

타		이	사	시	체	다		가	릿	나

·**이사** : 곳, 장소　　·**시체다** : 굳게 지키다　　·**가릿나** : 흑색 신승존(身勝尊) ; 힌두신화의 크리슈나

이	나	야		사	바	하		먀	가	라

·**이나야** : 승리자　　　　　　·**사바하** : 성취, 원만, 구경　　　·**먀가라** : 호랑이

　　연꽃을 손에 잡으신 관음존을 위하여,

　　큰 바퀴를 지니신 관음존을 위하여,

　　법 소라 나팔 소리로 깨어난 관세음보살을 위하여,

　　위대한 금강저를 가지신 관음존을 위하여,

　　왼쪽 어깨 쪽을 굳게 지키는 흑색의 승리자이신 관음존을 위하여,

잘 마　이 바 사 나 야　사 바

· **잘마** : 가죽　　· **이바사나야** : 머물다　　· **사바하** : 성취, 원만, 구경

하　나 모 라　다 나 다 라

· **나모** : 귀의하여 받든다　· **라다나** : 보배　　· **다라야** : 삼(三)

야 야　나 막 알 야　바 로 기

· **야** : ~에게　　· **나막** : 귀의하여 받든다　· **알야** : 성스럽다　　· **바로기제새바라** : 관자재보살

제　새 바 라 야　사 바 하 ·

· **야** : ~에게　　· **사바하** : 성취, 원만, 구경

나 모 라　다 나 다 라　야 야

· **나모** : 귀의하여 받든다　· **라다나** : 보배　　· **다라야** : 삼(三)　　· **야** : ~에게

나 막 알 야　바 로 기 제　새

· **나막** : 귀의하여 받든다　· **알야** : 성스럽다　　· **바로기제새바라** : 관자재보살

바 라 야　사 바 하 · 나 모 라

· **야** : ~에게　　· **사바하** : 성취, 원만, 구경　　· **나모** : 귀의하여 받든다

호랑이 가죽 위에 머물러 있는 관음존을 위하여.

삼보께 귀의합니다.

성스러운 관자재보살에게 귀의합니다.

| 다 | 나 | 다 | 라 | | 야 | 야 | | 나 | 막 | 알 |

· **라다나** : 보배　　　　· **다라야** : 삼(三)　　　　　　　　　　　· **야** : ~에게　　　· **나막** : 귀의하여 받든다

| 야 | | 바 | 로 | 기 | 제 | | 새 | 바 | 라 | 야 |

· **알야** : 성스럽다　　　· **바로기제새바라** : 관자재보살　　　　　　　　　　　　· **야** : ~에게

| 사 | 바 | 하 |

· **사바하** : 성취, 원만, 구경

四	方	讚					
넉 **사**	방위 **방**	기릴 **찬**					

一	灑	東	方	潔	道	場	
한 **일**	뿌릴 **쇄**	동녘 **동**	방위 **방**	깨끗할 **결**	길 **도**	마당 **장(량)**	

二	灑	南	方	得	清	凉	
두 **이**	뿌릴 **쇄**	남녘 **남**	방위 **방**	얻을 **득**	맑을 **청**	서늘할 **량**	

三	灑	西	方	俱	淨	土	
석 **삼**	뿌릴 **쇄**	서녘 **서**	방위 **방**	갖출 **구**	깨끗할 **정**	흙 **토**	

사방을 찬탄함

첫째로 동쪽을 향해 물을 뿌리면 도량이 밝아지고
둘째로 남쪽을 향해 물을 뿌리면 시원함을 얻으며
셋째로 서쪽을 향해 물을 뿌리면 정토를 구족하고

四	灑	北	方	永	安	康			
넉 사	뿌릴 쇄	북녘 북	방위 방	길 영	편안 안	편안 강			

道	場	讚							
길 도	마당 장(량)	기릴 찬							

道	場	淸	淨	無	瑕	穢			
길 도	마당 장(량)	맑을 청	깨끗할 정	없을 무	허물 하	더러울 예			

三	寶	天	龍	降	此	地			
석 삼	보배 보	하늘 천	용 룡	내릴 강	이 차	땅 지			

我	今	持	誦	妙	眞	言			
나 아	이제 금	가질 지	외울 송	묘할 묘	참 진	말씀 언			

願	賜	慈	悲	密	加	護			
원할 원	줄 사	사랑 자	슬플 비	비밀 밀	더할 가	도울 호			

懺	悔	偈							
뉘우칠 참	뉘우칠 회	쉴 게							

넷째로 북쪽을 향해 물을 뿌리면 영원한 편안함을 얻습니다.

도량을 찬탄함

도량이 깨끗해져서 티끌과 더러움이 없으니, 불법승 삼보와 천룡팔부가 이 땅에 내려옵니다.

제가 이제 묘한 진언 받아 외우오니, 원컨대 자비를 내려서 은밀하고 비밀스럽게 지켜 주십시오.

참회하는 게송

我	昔	所	造	諸	惡	業			
나 아	예 석	바 소	지을 조	모두 제	악할 악	업 업			
皆	由	無	始	貪	瞋	癡			
다 개	말미암을 유	없을 무	비로소 시	탐낼 탐	성낼 진	어리석을 치			
從	身	口	意	之	所	生			
좇을 종	몸 신	입 구	뜻 의	어조사 지	바 소	날 생			
一	切	我	今	皆	懺	悔			
한 일	온통 체	나 아	이제 금	다 개	뉘우칠 참	뉘우칠 회			
懺	除	業	障	十	二	尊	佛		
뉘우칠 참	덜 제	업 업	막을 장	열 십	두 이	높을 존	부처 불		
南	無	懺	除	業	障	寶	勝	藏	佛
나무 나	없을 무	뉘우칠 참	덜 제	업 업	가로막을 장	보배 보	수승할 승	감출 장	부처 불
寶	光	王	火	燄	照	佛			
보배 보	빛 광	임금 왕	불 화	불꽃 염	비칠 조	부처 불			

제가 먼 옛날부터 지은 모든 악업들, 오랜 옛적부터 익혀 온 탐진치 삼독을 말미암아 일어납니다.

몸과 말과 뜻의 삼업으로 인해서 지었으니, 모든 것들을 저는 이제 참회합니다.

업장 참회를 증명하는 열두 부처님

참제업장보승장불께 참회합니다.

보광왕화염조불께 참회합니다.

一	切	香	華	自	在	力	王	佛		
한 **일**	온통 **체**	향기 **향**	빛날 **화**	스스로 **자**	있을 **재**	힘 **력**	임금 **왕**	부처 **불**		
百	億	恒	河	沙	決	定	佛			
일백 **백**	억 **억**	항상 **항**	물 **하**	모래 **사**	결단할 **결**	정할 **정**	부처 **불**			
振	威	德	佛							
떨칠 **진**	위엄 **위**	덕 **덕**	부처 **불**							
金	剛	堅	強	消	伏	壞	散	佛		
쇠 **금**	굳셀 **강**	굳을 **견**	강할 **강**	사라질 **소**	엎드릴 **복**	무너질 **괴**	흩을 **산**	부처 **불**		
普	光	月	殿	妙	音	尊	王	佛		
넓을 **보**	빛 **광**	달 **월**	전각 **전**	묘할 **묘**	소리 **음**	높을 **존**	임금 **왕**	부처 **불**		
歡	喜	藏	摩	尼	寶	積	佛			
기쁠 **환**	기쁠 **희**	감출 **장**	갈 **마**	여승 **니**	보배 **보**	쌓을 **적**	부처 **불**			
無	盡	香	勝	王	佛					
없을 **무**	다할 **진**	향기 **향**	수승할 **승**	임금 **왕**	부처 **불**					

일체향화자재력왕불께 참회합니다. 백억항하사결정불께 참회합니다.
진위덕불께 참회합니다. 금강견강소복괴산불께 참회합니다.
보광월전묘음존왕불께 참회합니다. 환희장마니보적불께 참회합니다.
무진향승왕불께 참회합니다.

獅	子	月	佛						
사자 **사**	아들 **자**	달 **월**	부처 **불**						
歡	喜	莊	嚴	珠	王	佛			
기쁠 **환**	기쁠 **희**	꾸밀 **장**	엄할 **엄**	구슬 **주**	임금 **왕**	부처 **불**			
帝	寶	幢	摩	尼	勝	光	佛		
임금 **제**	보배 **보**	기 **당**	갈 **마**	여승 **니**	수승할 **승**	빛 **광**	부처 **불**		
十	惡	懺	悔						
열 **십**	악할 **악**	뉘우칠 **참**	뉘우칠 **회**						
殺	生	重	罪	今	日	懺	悔		
죽일 **살**	날 **생**	무거울 **중**	허물 **죄**	이제 **금**	날 **일**	뉘우칠 **참**	뉘우칠 **회**		
偸	盜	重	罪	今	日	懺	悔		
훔칠 **투**	도둑 **도**	무거울 **중**	허물 **죄**	이제 **금**	날 **일**	뉘우칠 **참**	뉘우칠 **회**		
邪	淫	重	罪	今	日	懺	悔		
간사할 **사**	음란할 **음**	무거울 **중**	허물 **죄**	이제 **금**	날 **일**	뉘우칠 **참**	뉘우칠 **회**		

사자월불께 참회합니다. 환희장엄주왕불께 참회합니다.

제보당마니승광불께 참회합니다.

열 가지 악업을 참회함

살생으로 지은 무거운 죄 오늘 모두 참회합니다.

도둑질로 지은 무거운 죄 오늘 모두 참회합니다.

삿된 음행의 무거운 죄 오늘 모두 참회합니다.

妄	語	重	罪	今	日	懺	悔			
망령될 **망**	말씀 **어**	무거울 **중**	허물 **죄**	이제 **금**	날 **일**	뉘우칠 **참**	뉘우칠 **회**			
綺	語	重	罪	今	日	懺	悔			
비단 **기**	말씀 **어**	무거울 **중**	허물 **죄**	이제 **금**	날 **일**	뉘우칠 **참**	뉘우칠 **회**			
兩	舌	重	罪	今	日	懺	悔			
두 **양**	혀 **설**	무거울 **중**	허물 **죄**	이제 **금**	날 **일**	뉘우칠 **참**	뉘우칠 **회**			
惡	口	重	罪	今	日	懺	悔			
악할 **악**	입 **구**	무거울 **중**	허물 **죄**	이제 **금**	날 **일**	뉘우칠 **참**	뉘우칠 **회**			
貪	愛	重	罪	今	日	懺	悔			
탐낼 **탐**	사랑 **애**	무거울 **중**	허물 **죄**	이제 **금**	날 **일**	뉘우칠 **참**	뉘우칠 **회**			
瞋	恚	重	罪	今	日	懺	悔			
성낼 **진**	성낼 **에**	무거울 **중**	허물 **죄**	이제 **금**	날 **일**	뉘우칠 **참**	뉘우칠 **회**			
癡	暗	重	罪	今	日	懺	悔			
어리석을 **치**	어두울 **암**	무거울 **중**	허물 **죄**	이제 **금**	날 **일**	뉘우칠 **참**	뉘우칠 **회**			

망령된 말로써 지은 무거운 죄 오늘 모두 참회합니다.

비단결 같은 말로써 지은 무거운 죄 오늘 모두 참회합니다.

두 가지 말로써 지은 무거운 죄 오늘 모두 참회합니다.

악담으로 지은 무거운 죄 오늘 모두 참회합니다.

탐욕으로 인해 지은 무거운 죄 오늘 모두 참회합니다.

성냄으로 인해 지은 무거운 죄 오늘 모두 참회합니다. 어리석음으로 인해 지은 무거운 죄 오늘 모두 참회합니다.

百	劫	積	集	罪		一	念	頓	蕩	除
일백 **백**	겁 **겁**	쌓을 **적**	모을 **집**	허물 **죄**		한 **일**	생각 **념**	갑자기 **돈**	방탕할 **탕**	덜 **제**
如	火	焚	枯	草		滅	盡	無	有	餘
같을 **여**	불 **화**	불사를 **분**	마를 **고**	풀 **초**		멸할 **멸**	다할 **진**	없을 **무**	있을 **유**	남을 **여**
罪	無	自	性	從	心	起				
허물 **죄**	없을 **무**	스스로 **자**	성품 **성**	좇을 **종**	마음 **심**	일어날 **기**				
心	若	滅	時	罪	亦	亡				
마음 **심**	만약 **약**	멸할 **멸**	때 **시**	허물 **죄**	또 **역**	망할 **망**				
罪	亡	心	滅	兩	俱	空				
허물 **죄**	망할 **망**	마음 **심**	멸할 **멸**	두 **양**	함께 **구**	빌 **공**				
是	則	名	爲	眞	懺	悔				
이 **시**	곧 **즉**	이름 **명**	할 **위**	참 **진**	뉘우칠 **참**	뉘우칠 **회**				
懺	悔	眞	言							
뉘우칠 **참**	뉘우칠 **회**	참 **진**	말씀 **언**							

백겁 동안 쌓인 죄업 한순간에 모두 없어져서,

마른풀이 불에 타듯 남김없이 소멸되게 해 주십시오.

죄는 본래 실체가 없는데 마음 좇아 일어난 것이므로,

마음이 소멸되면 죄 또한 없어집니다.

마음이 없어지고 죄도 없어져서 두 가지가 함께 텅 비게 되면, 이것이야말로 참된 참회라 하겠습니다.

죄업을 참회하는 진언

옴	살	바	못	자		모	지		

· **옴** : 우주의 핵심, 항복, 조복　· **살바** : 일체　　　　· **못자** : 붓다　　　　　　　　· **모지** : 보리

사	다	야		사	바	하	·	옴	살

· **사다** : 살타　　　· **야** : ~에게　　　　· **사바하** : 구경, 원만, 성취, 맡기다, 귀의하다　· **옴** : 우주의 핵심, 항복, 조복

바		못	자		모	지		사	다	야

· **살바** : 일체　　　· **못자** : 붓다　　　　　· **모지** : 보리　　　　　　　· **사다** : 살타　　　· **야** : ~에게

사	바	하	·	옴		살	바		못	자

· **사바하** : 구경, 원만, 성취, 맡기다, 귀의하다　· **옴** : 우주의 핵심, 항복, 조복　· **살바** : 일체　　　　· **못자** : 붓다

모	지		사	다	야		사	바	하

· **모지** : 보리　　　　　· **사다** : 살타　　　· **야** : ~에게　　　· **사바하** : 구경, 원만, 성취, 맡기다, 귀의하다

准	提	功	德	聚		寂	靜	心	常	誦
준할 **준**	끌 제	공 공	덕 덕	모을 **취**		고요할 **적**	고요할 **정**	마음 **심**	항상 **상**	외울 **송**
一	切	諸	大	難		無	能	侵	是	人
한 **일**	온통 **체**	모두 **제**	큰 대	어려울 **난**		없을 **무**	능할 **능**	침노할 **침**	이 시	사람 **인**

『옴 살바 못자 모지 사다야 사바하』(세번)

- 일체의 불보살님께 귀의합니다.

준제진언의 큰 공덕을 고요한 마음으로 항상 외우면

일체의 모든 어려움이 침범하지 못하리니

天	上	及	人	間		受	福	如	佛	等
하늘 천	위 상	및 급	사람 인	사이 간		받을 수	복 복	같을 여	부처 불	같을 등
遇	此	如	意	珠		定	獲	無	等	等
만날 우	이 차	같을 여	뜻 의	구슬 주		정할 정	얻을 획	없을 무	같을 등	같을 등
南	無	七	俱	胝	佛	母	大	准	提	菩
나무 나	없을 무	일곱 칠	갖출 구	굳은살 지	부처 불	어머니 모	큰 대	준할 준	끌 제	보리 보
薩	·	南	無	七	俱	胝	佛	母	大	准
보살 살		나무 나	없을 무	일곱 칠	갖출 구	굳은살 지	부처 불	어머니 모	큰 대	준할 준
提	菩	薩	·	南	無	七	俱	胝	佛	母
끌 제	보리 보	보살 살		나무 나	없을 무	일곱 칠	갖출 구	굳은살 지	부처 불	어머니 모
大	准	提	菩	薩						
큰 대	준할 준	끌 제	보리 보	보살 살						
淨	法	界	眞	言						
깨끗할 정	법 법	경계 계	참 진	말씀 언						

천상이나 보통의 사람이나 부처님처럼 똑같이 복 받으며

이 여의주를 만나면 결정코 깨달음을 얻을 것입니다.

『나무칠구지불모대준제보살』(세번)

- 칠억 부처님의 어머니인 대준제보살께 귀의합니다.

법계를 깨끗이 하는 진언

옴	남	·	옴	남	·	옴	남

·**옴** : 우주의 핵심, 항복, 조복 ·**남** : 람 ; 화대(火大)의 종자 ·**옴** : 우주의 핵심, 항복, 조복 ·**남** : 람 ; 화대(火大)의 종자 ·**옴** : 우주의 핵심, 항복, 조복 ·**남** : 람 ; 화대(火大)의 종자

護	身	眞	言
도울 **호**	몸 **신**	참 **진**	말씀 **언**

옴		치	림	·	옴	치	림	·	옴

·**옴** : 우주의 핵심, 항복, 조복 ·**치림** : 쓰림 ; 묘길상의 종자 ·**옴** : 우주의 핵심, 항복, 조복 ·**치림** : 쓰림 ; 묘길상의 종자 ·**옴** : 우주의 핵심, 항복, 조복

치	림

·**치림** : 쓰림 ; 묘길상의 종자

觀	世	音	菩	薩	本	心	微	妙	六	字
볼 **관**	세상 **세**	소리 **음**	보리 **보**	보살 **살**	근본 **본**	마음 **심**	작을 **미**	묘할 **묘**	여섯 **육**	글자 **자**

大	明	王	眞	言
큰 **대**	밝을 **명**	임금 **왕**	참 **진**	말씀 **언**

옴		마	니		반	메		훔

·**옴** : 우주의 소리, 마음, 불성 ·**마니** : 마니구슬 ·**반메** : 빠드메 ; 연꽃 ·**훔** : 이구청정(離后淸爭)

『옴 남』(세번) - 지혜의 불이 모든 망상을 태워 버리고 깨달음의 문에 들게 합니다.

몸을 보호하는 진언

『옴 치림』(세번) - 일체 묘길상의 종자여, 모든 좋은 일이 자신으로부터 나옵니다.

관세음보살의 본래 마음의 미묘한 여섯 자로 된 크고 밝은 왕의 진언

『옴 마니 반메 훔』(세번)

oṃ	ma	ni	pa	dme	hūṃ
옴	마	니	반	메	흄

· **옴** : 우주의소리, 마음, 불성   · **마니** : 마니구슬   · **반메** : 빠드메 ; 연꽃   · **흄** : 이구청정(離垢淸爭)

准	提	眞	言
준할 **준**	끌 **제**	참 **진**	말씀 **언**

| 나 | 무 | 사 | 다 | 남 | 삼 | 막 | 삼 | 못 |

· **나무** : 귀의하다   · **사다** : 일곱, 칠   · **남** : 복수의 뜻   · **삼막삼** : 정등(正等)   · **못다** : 붓다

| 다 | 구 | 치 | 남 | 다 | 냐 | 타 | 옴 |

· **구치** : 천만억, 억   · **남** : 복수의 뜻   · **다냐타** : 곧 설해 가로되   · **옴** : 우주의 소리

| 자 | 례 | 주 | 례 | 준 | 제 | 사 | 바 |

· **자례** : 유행존(遊行尊)   · **주례** : 정계존(頂髻尊)   · **준제** : 묘의 청정존이시여   · **사바하** : 원만, 성취

| 하 | 부 | 림 | · | 나 | 무 | 사 | 다 | 남 |

· **부림** : 정륜왕의 종자   · **나무** : 귀의하다   · **사다** : 일곱, 칠   · **남** : 복수의 뜻

준제보살의 진언

『나무 사다남 삼막삼못다 구치남 다냐타 옴 자례 주례 준제 사바하 부림』(세번)

- 칠억 부처님께 귀의합니다.

  움직이고 흘러다니는 분이시여, 정계존이시여, 묘의 청정존이시여, 성취하십시오.

| 삼 | 막 | 삼 | 못 | 다 | | 구 | 치 | 남 | | 다 |

·**삼막삼** : 정등(正等)　　·**못다** : 붓다　　　　·**구치** : 천만억, 억　　·**남** : 복수의 뜻

| 나 | 타 | | 옴 | | 자 | 례 | | 주 | 례 |

·**다냐타** : 곧 설해 가로되　　·**옴** : 우주의 소리　　·**자례** : 유행존(遊行尊)　　·**주례** : 정계존(頂髻尊)

| 준 | 제 | | 사 | 바 | 하 | | 부 | 림 | · | 나 |

·**준제** : 묘의 청정존이시여　　·**사바하** : 원만, 성취　　　　·**부림** : 정륜왕의 종자　　·**나무** : 귀의하다

| 무 | | 사 | 다 | 남 | | 삼 | 막 | 삼 | 못 | 다 |

·**사다** : 일곱, 칠　　·**남** : 복수의 뜻　　·**삼막삼** : 정등(正等)　　·**못다** : 붓다

| 구 | 치 | 남 | | 다 | 냐 | 타 | | 옴 | | 자 |

·**구치** : 천만억, 억　　·**남** : 복수의 뜻　　·**다냐타** : 곧 설해 가로되　　·**옴** : 우주의 소리

| 례 | | 주 | 례 | | 준 | 제 | | 사 | 바 | 하 |

·**자례** : 유행존(遊行尊)　·**주례** : 정계존(頂髻尊)　　·**준제** : 묘의 청정존이시여　　·**사바하** : 원만, 성취

| 부 | 림 |

·**부림** : 정륜왕의 종자

我	今	持	誦	大	准	提			
나 아	이제 금	가질 지	외울 송	큰 대	준할 준	끌 제			
卽	發	菩	提	廣	大	願			
곧 즉	필 발	보리 보	끌 제(리)	넓을 광	큰 대	원할 원			
願	我	定	慧	速	圓	明			
원할 원	나 아	정할 정	슬기로울 혜	빠를 속	둥글 원	밝을 명			
願	我	功	德	皆	成	就			
원할 원	나 아	공 공	덕 덕	다 개	이룰 성	나아갈 취			
願	我	勝	福	遍	莊	嚴			
원할 원	나 아	수승할 승	복 복	두루 편(변)	꾸밀 장	엄할 엄			
願	共	衆	生	成	佛	道			
원할 원	함께 공	무리 중	날 생	이룰 성	부처 불	길 도			
如	來	十	大	發	願	文			
같을 여	올 래	열 십	큰 대	필 발	원할 원	글월 문			

제가 이제 대준제진언을 외워 지니오니, 곧 보리심을 발하고 넓고 큰 원 발해지이다.

원컨대 제가 삼매를 통해서 정과 혜가 원만히 밝아지고, 크고 작은 모든 공덕이 다 성취되어지이다.

원컨대 제가 지닌 훌륭한 복으로 모든 것이 성취되고, 모든 중생이 다 함께 불도를 이루어지이다.

여래의 열 가지 큰 원력을 발하는 글

願	我	永	離	三	惡	道			
원할 **원**	나 **아**	길 **영**	떠날 **리**	석 **삼**	악할 **악**	길 **도**			
願	我	速	斷	貪	瞋	癡			
원할 **원**	나 **아**	빠를 **속**	끊을 **단**	탐낼 **탐**	성낼 **진**	어리석을 **치**			
願	我	常	聞	佛	法	僧			
원할 **원**	나 **아**	항상 **상**	들을 **문**	부처 **불**	법 **법**	스님 **승**			
願	我	勤	修	戒	定	慧			
원할 **원**	나 **아**	부지런할 **근**	닦을 **수**	경계할 **계**	정할 **정**	슬기로울 **혜**			
願	我	恒	隨	諸	佛	學			
원할 **원**	나 **아**	항상 **항**	따를 **수**	모두 **제**	부처 **불**	배울 **학**			
願	我	不	退	菩	提	心			
원할 **원**	나 **아**	아닐 **불**	물러날 **퇴**	보리 **보**	끌 **제(리)**	마음 **심**			
願	我	決	定	生	安	養			
원할 **원**	나 **아**	결단할 **결**	정할 **정**	날 **생**	편안 **안**	기를 **양**			

원컨대 저는 지옥·아귀·축생의 삼악도를 영원히 떠나서 살기를 원합니다.

원컨대 저는 탐진치 삼독을 빨리 끊기를 원합니다.

원컨대 저는 불법승 삼보에 대해 항상 듣기를 원합니다.

원컨대 저는 계정혜 삼학을 부지런히 닦기를 원합니다.

원컨대 저는 항상 모든 부처님을 따라서 배우기를 원합니다.

원컨대 저는 깨달음의 마음에서 물러서지않기를 원합니다. 원컨대 저는 반드시 극락세계에 태어나기를 원합니다.

願	我	速	見	阿	彌	陀				
원할 원	나 아	빠를 속	볼 견	언덕 아	두루 미	비탈질 타				
願	我	分	身	遍	塵	刹				
원할 원	나 아	나눌 분	몸 신	두루 편(변)	티끌 진	절 찰				
願	我	廣	度	諸	衆	生				
원할 원	나 아	넓을 광	법도 도	모두 제	무리 중	날 생				
發	四	弘	誓	願						
필 발	넉 사	클 홍	맹세할 서	원할 원						
衆	生	無	邊	誓	願	度				
무리 중	날 생	없을 무	가 변	맹세할 서	원할 원	법도 도				
煩	惱	無	盡	誓	願	斷				
번거로울 번	번뇌할 뇌	없을 무	다할 진	맹세할 서	원할 원	끊을 단				
法	門	無	量	誓	願	學				
법 법	문 문	없을 무	헤아릴 량	맹세할 서	원할 원	배울 학				

원컨대 저는 속히 아미타불을 친견하기를 원합니다.

원컨대 저는 저의 몸이 먼지처럼 많은 곳에 두루 나투기를 원합니다.

원컨대 저는 모든 중생들을 널리 제도하기를 원합니다.

네 가지 큰 서원을 발함

중생이 끝없지만 맹세코 제도하기를 원합니다. 번뇌가 다함이 없지만 맹세코 끊기를 원합니다.

법문이 한량없지만 맹세코 배우기를 원합니다.

佛	道	無	上	誓	願	成			
부처 **불**	길 **도**	없을 **무**	위 **상**	맹세할 **서**	원할 **원**	이룰 **성**			
自	性	衆	生	誓	願	度			
스스로 **자**	성품 **성**	무리 **중**	날 **생**	맹세할 **서**	원할 **원**	법도 **도**			
自	性	煩	惱	誓	願	斷			
스스로 **자**	성품 **성**	번거로울 **번**	번뇌할 **뇌**	맹세할 **서**	원할 **원**	끊을 **단**			
自	性	法	門	誓	願	學			
스스로 **자**	성품 **성**	법 **법**	문 **문**	맹세할 **서**	원할 **원**	배울 **학**			
自	性	佛	道	誓	願	成			
스스로 **자**	성품 **성**	부처 **불**	길 **도**	맹세할 **서**	원할 **원**	이룰 **성**			
發	願	已	歸	命	禮	三	寶		
필 **발**	원할 **원**	이미 **이**	돌아갈 **귀**	목숨 **명**	예도 **례**	석 **삼**	보배 **보**		
南	無	常	住	十	方	佛			
나무 **나**	없을 **무**	항상 **상**	살 **주**	열 **십(시)**	방위 **방**	부처 **불**			

불도가 높고 높지만 맹세코 이루기를 원합니다.

자성 속에 있는 중생을 맹세코 건지기를 원합니다. 자성 속에 있는 번뇌를 맹세코 끊기를 원합니다.

자성 속에 있는 법문을 맹세코 배우기를 원합니다. 자성 속에 있는 불도를 맹세코 이루기를 원합니다.

발원을 마치고 삼보께 귀의하여 예배드립니다.

『시방세계에 항상 계시는 부처님께 귀의하며 받듭니다.

南	無	常	住	十	方	法				
나무 **나**	없을 **무**	항상 **상**	살 **주**	열 **십(시)**	방위 **방**	법 **법**				

南	無	常	住	十	方	僧				
나무 **나**	없을 **무**	항상 **상**	살 **주**	열 **십(시)**	방위 **방**	스님 **승**				

南	無	常	住	十	方	佛				
나무 **나**	없을 **무**	항상 **상**	살 **주**	열 **십(시)**	방위 **방**	부처 **불**				

南	無	常	住	十	方	法				
나무 **나**	없을 **무**	항상 **상**	살 **주**	열 **십(시)**	방위 **방**	법 **법**				

南	無	常	住	十	方	僧				
나무 **나**	없을 **무**	항상 **상**	살 **주**	열 **십(시)**	방위 **방**	스님 **승**				

南	無	常	住	十	方	佛				
나무 **나**	없을 **무**	항상 **상**	살 **주**	열 **십(시)**	방위 **방**	부처 **불**				

南	無	常	住	十	方	法				
나무 **나**	없을 **무**	항상 **상**	살 **주**	열 **십(시)**	방위 **방**	법 **법**				

시방세계에 항상 있는 가르침에 귀의하며 받듭니다.

시방세계에 항상 계신 승가에 귀의하며 받듭니다. 』(세번)

南	無	常	住	十	方	僧		
나무 **나**	없을 **무**	항상 **상**	살 **주**	열 **십(시)**	방위 **방**	스님 **승**		

淨	三	業	眞	言				
깨끗할 **정**	석 **삼**	업 **업**	참 **진**	말씀 **언**				

옴		사	바	바	바		수	다	살	바

·**옴** : 우주의 소리　·**사바바바** : 본성　　　　　·**수다** : 청정　·**살바** : 일체

달	마		사	바	바	바		수	도	함

·**달마** : 법　　　·**사바바바** : 본성　　　　　·**수도** : 청정　·**함** : 자기 자신

·	옴		사	바	바	바		수	다	살

·**옴** : 우주의 소리　·**사바바바** : 본성　　　　·**수다** : 청정　·**살바** : 일체

바		달	마		사	바	바	바		수

·**달마** : 법　　　·**사바바바** : 본성　　　·**수도** : 청정

도	함	·	옴		사	바	바	바		수

·**함** : 자기 자신　·**옴** : 우주의 소리　·**사바바바** : 본성　　　·**수다** : 청정

신구의 삼업을 깨끗이 하는 진언

『옴 사바바바 수다살바 달마 사바바바 수도함』(세번)

- 옴! 본성이 청정한 일체법이여, 내 자성도 청정하여지이다.

다 살 바 　 달 마 　 사 바 바 바

· **살바** : 일체　　　　· **달마** : 법　　　　· **사바바바** : 본성

수 도 함

· **수도** : 청정　　　· **함** : 자기 자신

開 壇 眞 言

열 개　　단 단　　참 진　　말씀 언

옴 　 바 아 라 　 뇌 로 　 다 가

· **옴** : 우주의 소리　· **바아라** : 금강(金剛)　　　· **뇌로** : 불　　　　· **다가다야** : 큰 북

다 야 　 삼 마 야 　 바 라 베

· **삼마야** : 시간　　　　· **바라베 사야** : 두루 임하다

사 야 훔 · 옴 　 바 아 라 　 뇌

· **훔** : 이구청정(離垢淸淨)　· **옴** : 우주의 소리　· **바아라** : 금강(金剛)　　　· **뇌로** : 불

로 　 다 가 다 야 　 삼 마 야

· **다가다야** : 큰 북　　　　· **삼마야** : 시간

제단을 여는 진언

『옴 바아라 뇌로 다가다야 삼마야 바라베 사야훔』 (세번)

- 옴! 금강의 불길 같은 님이시여, 북이 울릴 때 두루 들어가리라.

바	라	베	사	야	훔	·	옴	바

· **바라베 사야** : 두루 임하다　　　　　　　　　　· **훔** : 이구청정(離垢淸淨)　· **옴** : 우주의 소리

아	라	뇌	로	다	가	다	야

· **바아라** : 금강(金剛)　　　　· **뇌로** : 불　　　　　· **다가다야** : 큰 북

삼	마	야	바	라	베	사	야	훔

· **삼마야** : 시간　　　　　　· **바라베 사야** : 두루 임하다　　　　　　· **훔** : 이구청정(離垢淸淨)

建	壇	眞	言

세울 **건**　　단 **단**　　참 **진**　　말씀 **언**

옴	난	다	난	다	나	지	나	지

· **옴** : 우주의 소리　· **난다** : 환희의 신　· **난다** : 환희의 신　　　· **나지** : 건단무녀신　· **나지** : 건단무녀신

난	다	바	리	사	바	하	·	옴

　　　　· **바리** : 가지고 오소서　　· **사바하** : 구경, 원만, 성취　　　· **옴** : 우주의 소리

난	다	난	다	나	지	나	지	난

· **난다** : 환희의 신　· **난다** : 환희의 신　　　· **나지** : 건단무녀신　· **나지** : 건단무녀신

제단을 세우는 진언

『옴 난다난다 나지나지 난다바리 사바하』(세번)

- 환희신이여, 환희신이여, 단을 세우는 무녀신이여, 희열의 낙원을 가지고 오소서.

다 바 리 　 사 바 하 · 옴 　 난

· **바리** : 가지고 오소서　　　· **사바하** : 구경, 원만, 성취　　　· **옴** : 우주의 소리

다 난 다 　 나 지 나 지 　 난 다

· **난다** : 환희의 신　· **난다** : 환희의 신　　· **나지** : 건단무녀신　　· **나지** : 건단무녀신

바 리 　 사 바 하

· **바리** : 가지고 오소서　　　· **사바하** : 구경, 원만, 성취

淨	法	界	眞	言					
깨끗할 **정**	법 **법**	경계 **계**	참 **진**	말씀 **언**					

羅	字	色	鮮	白		空	點	以	嚴	之
그물 **나**	글자 **자**	빛 **색**	고울 **선**	흰 **백**		빌 **공**	점 **점**	써 **이**	엄할 **엄**	어조사 **지**

如	彼	髻	明	珠		置	之	於	頂	上
같을 **여**	저 **피**	상투 **계**	밝을 **명**	구슬 **주**		둘 **치**	어조사 **지**	어조사 **어**	정수리 **정**	위 **상**

眞	言	同	法	界		無	量	衆	罪	除
참 **진**	말씀 **언**	한가지 **동**	법 **법**	경계 **계**		없을 **무**	헤아릴 **량**	무리 **중**	허물 **죄**	덜 **제**

법계를 깨끗이 하는 진언

'나'의 글자는 색이 곱고 흰데, 공의 점으로써 장엄했습니다.

글자 모양은 마치 상투 위에 밝은 구슬을 올린 것과 같으며, 그것을 정상에 두었습니다.

정법계진언은 법계와 같은데, 한량없는 죄를 소멸케 합니다.

一	切	觸	穢	處		當	加	此	字	門
한 일	온통 체	닿을 촉	더러울 예	곳 처		마땅 당	더할 가	이 차	글자 자	문 문

나	무		사	만	다		못	다	남	

·**나무** : 귀의하여 받든다　　　·**사만다** : 널리, 두루　　　　　　　·**못다** : 붓다　　　·**남** : ~들

남	·	나	무		사	만	다		못	다

·**남** : 불의 원소 종자　　·**나무** : 귀의하여 받든다　　　·**사만다** : 널리, 두루　　　　　·**못다** : 붓다

남		남	·	나	무		사	만	다	

·**남** : ~들　　　·**남** : 불의 원소 종자　　·**나무** : 귀의하여 받든다　　　·**사만다** : 널리, 두루

못	다	남		남						

·**못다** : 붓다　　　·**남** : ~들　　　·**남** : 불의 원소 종자

일체의 더러운 곳에 닿을 때마다, 마땅히 이 글자(옴 남)를 놓아 두십시오.

『나무 사만다 못다남 남』(세번)

- 널리 두루 계시는 부처님께 귀의하며 받듭니다.

사경 발원문

사경 끝난 날 :   년   월   일

_____ 두손모음

如天 無比

1943년 영덕에서 출생하였다.

1958년 출가하여 덕흥사, 불국사, 범어사를 거쳐 1964년 해인사 강원을 졸업하고 동국역경연수원에서 수학하였다.

10여 년 선원생활을 하고 1976년 탄허 스님에게 화엄경을 수학하고 전법, 이후 통도사 강주, 범어사 강주,

은해사 승가대학원장, 대한불교조계종 교육원장, 동국역경원장, 동화사 한문불전승가대학원장 등을 역임하였다.

2018년 5월에는 수행력과 지도력을 갖춘 승랍 40년 이상 되는 스님에게 품서되는 대종사 법계를 받았다.

현재 부산 문수선원 문수경전연구회에서 150여 명의 스님과 300여 명의 재가 신도들에게 화엄경을 강의하고 있다.

또한 다음 카페 '염화실'(http://cafe.daum.net/yumhwasil)을 통해

'모든 사람을 부처님으로 받들어 섬김으로써 이 땅에 평화와 행복을 가져오게 한다.'는 인불사상人佛思想을 펼치고 있다.

저서로

『대방광불화엄경 강설』(전 81권), 『무비 스님의 유마경 강설』(전 3권), 『대방광불화엄경 실마리』, 『무비 스님의 왕복서 강설』,

『무비 스님이 풀어 쓴 김시습의 법성게 선해』, 『법화경 법문』, 『신금강경 강의』, 『직지 강설』(전 2권), 『법화경 강의』(전 2권),

『신심명 강의』, 『임제록 강설』, 『대승찬 강설』, 『당신은 부처님』, 『사람이 부처님이다』, 『이것이 간화선이다』,

『무비 스님과 함께하는 불교공부』, 『무비 스님의 증도가 강의』, 『일곱 번의 작별인사』,

무비 스님이 가려 뽑은 명구 100선 시리즈(전 4권) 등이 있고

편찬하고 번역한 책으로 『화엄경(한글)』(전 10권), 『화엄경(한문)』(전 4권), 『금강경 오가해』 등이 있다.

또한 사경집으로 『대방광불화엄경 사경』(전 81권), 『금강반야바라밀경 사경』, 『반야바라밀다심경 사경』, 『보현행원품 사경』,

『관세음보살보문품 사경』, 『천수경 사경』, 『묘법연화경 사경』(전 7권), 『법화경약찬게 사경』 등 무비 스님의 사경 시리즈가 있다.

무비 스님의 천수경 사경

| 초판 1쇄 발행_ 2020년 9월 11일
| 초판 2쇄 발행_ 2023년 5월 20일

| 지은이_ 여천 무비(如天 無比)
| 펴낸이_ 오세룡
| 편집_ 박성화 손미숙 윤예지 여수령 허 승 정연주
| 기획_ 최은영 곽은영 최윤정
| 디자인_ 고혜정 김효선 박소영
| 홍보 마케팅_ 정성진
| 펴낸곳_ 담앤북스
　　　　서울특별시 종로구 새문안로3길 23 경희궁의 아침 4단지 805호
　　　　대표전화 02)765-1251 전송 02)764-1251 전자우편 dhamenbooks@naver.com
　　　　출판등록 제300-2011-115호
| ISBN 979-11-6201-249-9 03220

정가 10,000원